So lernen **Kinder** richtig sprechen

Gabriele Roß

So lernen Kinder richtig sprechen

Ratgeber für Eltern mit großem Praxisteil

GACK GICK GECK GUCK

Pattloch

Die Deutsche Bibliothek – CIP-Einheitsaufnahme

So lernen Kinder richtig sprechen : Ratgeber für Eltern
mit großem Praxisteil / Gabriele Roß. Mit Ill. von Robert Erker. –
München : Pattloch, 2000
  ISBN 3-629-00278-1

© 2000 Pattloch Verlag GmbH & Co. KG, München
Illustrationen, Satz und Layout: Robert Erker, Augsburg
Reproduktion: Fotolito Longo, I–Bozen
Druck und Bindung: Uhl, Radolfzell
Printed in Germany

ISBN 3-629-00278-1

Inhalt

Spiel-Ideen
zum Sprechenlernen   35–61

Sprachförderung

Sprachprobleme – Hilfen

Vorwort

Reden ist Silber, Schweigen ist Gold?

Im Poesiealbum klingt dieser Spruch recht bedeutungsvoll, aber fürs wirkliche Leben taugt er wenig. Wer nicht gut sprechen kann, der kommt auch nicht zu Wort!

Das gilt gerade für Kinder, die ja mit der Sprache wachsen. Zu ihrer ganzen Entwicklung und zum Begreifen der Welt brauchen sie die Wörter, die Sätze, die Fragen, die Verständigung. Sie brauchen, um all das im Laufe von wenigen Jahren zu lernen, aber auch gute Begleiter.

Es sind die Eltern, die Kinder auf dem Weg zur Sprache begleiten, die ihnen die Welt der Wörter vertraut machen. Eltern können vom Tag der Geburt an unglaublich viel für die Sprachentwicklung ihres Kindes tun – weniger durch gelernte Techniken oder Tricks als vielmehr durch das Miteinander im Alltag.

Dieses Buch richtet sich deshalb besonders an die Eltern. Es will einerseits gut verständliche Informationen über die Sprache, das Sprechenlernen und Sprachprobleme liefern, andererseits aber auch viele praktische Tipps und Hilfen an die Hand geben. Der zentrale Teil des Buches enthält eine Spielesammlung für den Alltag. Hier finden Eltern eine Menge von Ideen, die der Sprachförderung dienen und die auch gezielt bei Sprachproblemen hilfreich sind.

Es ist ein Anliegen dieses Buches, den Sinn für die Bedeutung und für die Schätze der Sprache zu wecken. Denn Reden ist tatsächlich Gold wert – auch wenn deutsch so schwer ist, wie dieses Gedicht von Mira Lobe beweist:

Deutsch ist schwer
Deutsch ist schwer.
Das kann ich beweisen,
bitte sehr!
Herr Maus heißt zum Beispiel Mäuserich,
Herr Laus aber keineswegs Läuserich.
Herr Ziege heißt Bock,
aber Herr Fliege nicht Flock.
Frau Hahn heißt Henne,
aber Frau Schwan nicht Schwenne.
Frau Pferd heißt Stute,
Frau Truthahn Pute,
und vom Schwein die Frau
heißt Sau.
Und die Kleinen sind Ferkel.
Ob ich mir das merkel?
Und Herr Kuh ist gar ein doppeltes Tier,
heißt Ochs oder Stier,
und alle zusammen sind Rinder.
Aber die Kinder
sind Kälber!
Na, bitte sehr,
sagt doch selber:
Ist Deutsch nicht schwer?

Die Sprachentwicklung

Lernen für ein ganzes Leben
Warum Sprechen so wichtig ist

Versetzen Sie sich nur einen Moment lang in die Lage eines Menschen, der nicht hören und nicht sprechen kann! Oder vergleichen Sie einen strampelnden Säugling mit einem plappernden Dreijährigen oder mit einem diskutierenden Schulkind! Mit der Sprache werden Kinder groß und selbständig, und das geht offenbar wie von selbst. Sprechen zu können erscheint uns so selbstverständlich, dass uns der Wert der Sprache längst nicht mehr bewusst ist. Es lohnt sich, darüber nachzudenken: Warum ist Sprache wirklich so wichtig? Warum ist eine gute Sprachentwicklung so entscheidend?

Zauberwort: Kommunikation

Wir können uns ausdrücken und uns mit anderen austauschen, Wünsche äußern, fragen, etwas mitteilen. Alle diese Fähigkeiten sind mit dem Fachbegriff „Kommunikation" gemeint. Kommunikation ist auch ohne Worte möglich: durch den Blick und die Miene, die Haltung, ein Kopfnicken. Das reicht aber nicht aus. Wenn ein Kind seine Bedürfnisse, seine Gedanken, auch seine Gefühle in Worte fassen kann, dann hat es einen Meilenstein in der Entwicklung geschafft. Dann kann es sich tatsächlich verständigen und mitteilen, enorm viele neue Möglichkeiten des Kontaktes öffnen sich ihm.

Wir können uns verständigen, indem wir sprechen.

Streiten und sich vertragen

Fühlt sich ein Kind „nicht verstanden", so wird es unsicher.

 Ein drei- oder vierjähriges Kind braucht die Sprache ganz dringend, um sich mit anderen verständigen zu können. Spätestens im Kindergarten muss es fragen, seine Bedürfnisse äußern, andere ansprechen und sich auch wehren können. Im Kontakt mit den Gleichaltrigen, im Spiel und im Sprechen entwickelt es seine sozialen Fähigkeiten: helfen und Rücksicht nehmen, streiten und sich wieder vertragen, nachgeben oder sich durchsetzen...

Wie geht es einem Kind, das nicht gut sprechen kann? Es fällt auf. Und es wird vermutlich immer von den Wortführern überstimmt. Wie fühlt sich ein Kind, das schlecht verstanden wird, weil es undeutlich oder fehlerhaft spricht? Es fühlt sich in der Tat „nicht verstanden" und wird unsicher. Was tut ein Kind, das sich nicht sprachlich ausdrücken kann? Es zieht sich entweder zurück oder es setzt sich eben mit anderen Mitteln durch – und sei es schlagen, raufen, schreien.
Und umgekehrt: Ein wortgewandtes, sprachlich sicheres Kind tut sich leicht im Umgang mit Erwachsenen wie mit Gleichaltrigen, es ist schnell anerkannt, es kommt zu Wort.

Das ist der Grund, warum eine gute Sprachentwicklung so wichtig ist und warum ein Kind schnelle Hilfe braucht, wenn es mit der Sprache nicht zurechtkommt.

Sprachstörungen können einen Rattenschwanz von Folgeproblemen nach sich ziehen. Kinder können im wörtlichen Sinne „unsagbar" leiden, wenn sie nicht verstanden werden. Das sollte man jedem Kind ersparen und deshalb ist eine frühzeitige Förderung der Sprache so viel wert. (Im zweiten Teil des Buches erfahren Sie mehr über Sprachstörungen und mögliche Hilfen.)

Warum ist die Banane krumm?

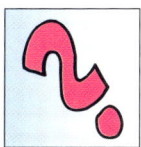

Die unaufhörlichen Warum-Fragen der Zwei- und Dreijährigen können Eltern gewaltig auf die Nerven gehen. Dabei sind sie für ein Kind wie ein „Sesam-öffne-dich", ein Schlüssel zum Wissen. Wenn Kinder die Sprache entdeckt haben, dann nutzen sie diese neue Macht wie eine unerschöpfliche Quelle. Sie fragen sich durchs Leben! Mit jedem Wort, das ein Kind lernt, ergreift es ein Stückchen mehr Besitz von der Welt und dem Wissen. Mit jeder Frage, die es stellt, kann es eine neue Einsicht gewinnen. So ist die Sprache wie ein ständig laufender Motor für die Denkentwicklung.

Der Wissensdurst eines Kindes beweist, dass es einen wesentlichen Wert der Sprache erfasst hat: Sie hilft, Neues zu erfahren und viel zu lernen. Freilich erwarten Kinder manchmal auch gar keine tiefgründige Antwort, sondern vor allem eine Reaktion. Und dann genügt auf die Frage „Warum ist die Banane krumm?" schon die Auskunft: „Darum!"

Die Sprache hilft, Neues zu erfahren und viel zu lernen.

Fit für die Schule ...

Wenn ein Kind mit sechs Jahren in die Schule kommt, wird erwartet, dass es gut spricht. Das Abenteuer des Lesenlernens beginnt und die Grundlage dafür ist die Sprache. Das ist leicht verständlich: Ein Kind kann nur die Buchstaben und Wörter richtig lesen, die es auch deutlich aussprechen kann. Es kann das sinnvolle Lesen nur lernen, wenn es die Wörter und ihre Bedeutung kennt. Es kann das Gelesene nur verstehen, wenn es auch die gesprochene Sprache gut und schnell versteht. Das gleiche gilt fürs Schreiben, denn es bedeutet mehr als nur Buchstabenformen schön nacheinander zu malen. Das Geschriebene muss verstanden werden, sonst

Das Rüstzeug für die geschriebene Sprache ist das Sprechen!

hat es keinen Sinn. Das spätere Aufsatzschreiben schließlich gelingt nur, wenn ein Kind die Sätze richtig bauen kann, wenn es einen Zusammenhang herstellen und eine logische Reihenfolge bilden kann.

Das alles sind sprachliche Fähigkeiten, die ein Kind lange vor der Schule lernt. Das Rüstzeug für die geschriebene Sprache ist das Sprechen! Die beste Vorbereitung aufs Lesen- und Schreibenlernen ist deshalb der Umgang mit den Wörtern und das Gespräch zuhause. Untersuchungen haben immer wieder eines ergeben: Gute Leser kommen meistens aus Familien, in denen das Gespräch gepflegt und in denen das Lesen und der Umgang mit Büchern großgeschrieben wird. Wer mit seinem Kind also spricht und es zum Sprechen ermutigt, tut dadurch ungleich mehr für den Schulerfolg als mit frühem Buchstabentraining oder Leseprogrammen.

... und fit für das Leben

Das „Zeitalter der Kommunikation" verlangt sichere sprachliche Fähigkeiten.

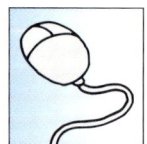

Unsere Kinder müssen sich im „Zeitalter der Kommunikation" mit vielen neuen Techniken und neuen Medien behaupten. Das verlangt sichere sprachliche Fähigkeiten, sei es die gesprochene oder die geschriebene Sprache.

In der Schule, in der Berufsausbildung, beim Vorstellungsgespräch, sogar bei einer Liebeserklärung – überall wird Ihr Kind später auch daran gemessen, wie es sich ausdrücken kann. Deshalb können Sie ihm nichts Besseres mit auf den Weg geben als eine gute sprachliche Förderung.

Vom Tonfall bis zum Wortschatz
Was alles zur Sprache gehört und wie Kinder lernen

 Was gehört zum Sprechen? „Der Mund", antworten fast alle Kinder auf diese Frage. Das stimmt, aber der Mund reicht nicht aus. Sprache ist ein riesiges Paket von einzelnen Fähigkeiten, die gut zusammenspielen müssen und sie ist hochkompliziert. Kinder finden sich wie selbstverständlich im Laufe von wenigen Jahren in diesem Sprach-Labyrinth zurecht. Sie lernen wie durch ein kleines Wunder. Aber sie fangen auch nicht ganz bei Null an, darin sind sich die Wissenschaftler mittlerweile einig. Kinder bringen sozusagen ein spezielles grundlegendes Lernprogramm für Sprache schon mit auf die Welt. Sie brauchen viele Erfahrungen und viel sprachliches „Futter".

Das Gehör

 Ohne gut funktionierende Ohren kann ein Kind nicht – oder nur sehr schwer – sprechen lernen. Mittlerweile weiß man, dass sich das Gehör schon früh im Mutterleib ausbildet. Ein Ungeborenes erkennt die Stimme der Mutter und reagiert auf Geräusche, auf Musik, auf Krach und Stille. Wenn ein Kind also zur Welt kommt, bringt es die erste Ausstattung für die Sprache schon mit. Die Ohren haben dann aber noch eine Menge zu tun, bis ein Kind verständlich spricht. In der Sprache stecken so viele Feinheiten, dass nur ein scharfes Gehör sie erkennen kann: Puppe oder Suppe? Keller oder Teller? Häuschen oder Häufchen? Ball oder bald? Weg oder weg? Hat oder hast oder hab? Auf solch winzige Unterschiede muss ein Kind achten, wenn es die Aussprache der Wörter und auch die Grammatik allmählich beherrschen soll.

Die Ohren müssen Feinheiten unterscheiden ...

Schon kleine Hörprobleme erschweren das Sprechenlernen. Deshalb: Lieber einmal zuviel als einmal zuwenig zur Hörkontrolle!

Das Sprachverständnis

 Wenn wir in einer fremden Sprache Radio hören, wenn wir in einem Vortrag voller Fremdwörter sitzen oder wenn jemand fachchinesisch mit uns spricht, können wir am ehesten ermessen, wie wichtig das Sprachverständnis ist und wie sehr ein Kind auf das Verstehen angewiesen ist.

Sie fragen „Wo ist die Katze?" und Ihr Kind zeigt auf der Seite mit den Tieren das richtige Bild. Sie sagen „Wir fahren mit dem Auto!" und Ihr Kind macht „brumm-brumm". Es hat verstanden. Durch viele Erfahrungen, durch Zeigen, Tun und Reden und im Umgang mit den Dingen lernt es, was die Wörter bedeuten. Das beginnt sehr früh. Schon mit etwa zehn Monaten versteht ein Kind mehrere Wörter – und auch das berühmte „Nein!". Und mit vier versteht es so schwierige Aufträge wie „Hol bitte drei Servietten aus der oberen Schublade im Wohnzimmerschrank!"

Es ist einleuchtend, dass ein gutes Sprachverständnis für die ganze Entwicklung entscheidend ist: Je mehr und je besser ein Kind versteht, desto sicherer wird es und desto mehr kann es lernen.

Der Tonfall

Babies verstehen zwar noch nicht was, aber wie etwas gesagt wird. Sie hören auf den Tonfall und die Sprachmelodie. Auf diese Weise nutzen sie ein wichtiges Kennzeichen der Sprache: Betonung, Tempo, Rhythmus, Lautstärke und Stimmlage sind Ausdrucksmittel. Sie sagen oft mehr als Worte. Hinzu kommen Mimik, Gestik, Körpersprache. Ein Satz wie „Vergiss das bitte nicht!" kann zwei völlig verschiedene Bedeutungen haben und freundlich oder drohend gemeint sein, je nachdem mit welcher Stimme, mit welcher Miene und mit welcher Haltung er gesagt wird.

Rhythmus und Betonung helfen Kindern, den Wörtern und Sätzen auf die Spur zu kommen. Der Klang und die Melodie der Sprache können andererseits gerade den Kleinen – natürlich auch den Großen – viel Wärme und Zuwendung vermitteln.

Sprachrhythmus und Betonung helfen Kindern beim Sprechenlernen.

Die Laute

Ein Wort wie „Kniestrumpf" geht uns mühelos von den Lippen. Dabei ist es schon ein echtes Kunststück, so viele feine Bewegungen im Mund so schnell und so genau hinzukriegen. Wenn Sie das Wort einmal langsam sprechen und genau auf Gaumen, Zunge, Lippen achten, dann spüren Sie vielleicht, wie viel sich da im Mund tut.

Zum Sprechen braucht man die Lippen, die Zähne, die Zunge, den Kiefer, den harten Gaumen oben und den weichen Gaumen hinten im Mundraum, den Nasen- und Rachenraum, den Kehlkopf mit den Stimmbändern und natürlich die Lunge für die Luft. Über 100 Muskeln sind in Millimeterbewegungen fein abgestimmt und in Windeseile bei der Arbeit. Ein Wunderwerk! Kinder nähern sich der richtigen Aussprache allmählich an: Vom

Feinste Bewegungen müssen im Mund abgestimmt werden.

**Kinder
nähern sich
der richtigen
Aussprache
langsam an.**

„niehun" zum „nietlun" und vielleicht über „tnieslunf" in vielen Schritten zum „Kniestrumpf". Dabei beherrschen sie in der Abfolge der Lautentwicklung zuerst Lippenlaute und vordere Laute wie m, b, p, w und f, später kommen erst die hinteren Gaumenlaute wie k, g und ch und die Zischlaute wie s und sch dazu. Lautverbindungen wie kl, kn, pfl oder schtr sind am schwierigsten zu bilden.

Wenn Babies in ihrem ersten Lebensjahr aus purer Lust gurren und blubbern, gackern und krähen, schmatzen und schnalzen, dann sind sie schon auf dem Weg zur Artikulation: Sie probieren alles Mögliche aus, was ihr Mund hervorbringen kann und sie trainieren mit diesem Kauderwelsch ihre Sprechwerkzeuge und ihre Stimme. Durch das Hören und Vergleichen kommen sie zu den richtigen Lauten ihrer Muttersprache.

Beendet ein Kind allerdings mit etwa einem halben Jahr das Brabbeln, dann ist Vorsicht geboten: Es könnte sein, dass es nicht hört! Nur wenn es nämlich andere und sich selbst hört, wird es den Klang vergleichen und die Bewegungen im Mund ausprobieren, verändern und allmählich angleichen können. Eine ärztliche Kontrolle ist deshalb dringend notwendig, wenn ein Kind das Lallen einstellt.

Der Satzbau

**Zur Grammatik-
entwicklung
gehören
logische Fehler.**

 Schritt für Schritt – so wie die Laute – lernen Kinder auch die Reihenfolge der Wörter im Satz und die Formenbildung. Und das, ohne die Grammatik pauken zu müssen wie wir, wenn wir uns mit einer Fremdsprache quälen.

„Auto weg!", heult vielleicht ein Anderthalbjähriger. „Auto mir wegnehmt!", schimpft er mit zwei oder zweieinhalb Jahren. Als Vierjähriger kann er den Sachverhalt und seine Stimmung schon richtig und logisch ausdrücken: „Ich bin sauer, weil der mir mein Auto weggenehmt hat." Und als Fünfjähriger weiß er auch, dass es „weggenommen" heißt.

Kinder tasten sich an die Grammatik heran: Sie nehmen das Gehörte auf, probieren und experimentieren bei der Anwendung und sie bilden auch selbst Regeln. Ein Beispiel sind die Mehrzahlformen. Es heißt „Hut – Hüte" und Turm – Türme", also sagt das Kind logisch „Hund – Hünde". Oder die Vergangenheit: aus „machen" wird „gemacht", aus „spielen" wird „gespielt", aus „hören" wird „gehört". Also scheint es auch „genehmt", „gegeht", „gesingt" oder „geschwimmt" zu heißen. Kinder gehen völlig logisch an die Sache heran. Haben sie eine Regel erst einmal herausgehört, wenden sie diese auch konsequent an. Die Ausnahmen müssen sie erst lernen. Das tun sie, indem sie wiederum hören und das Neue in ihr Repertoire aufnehmen.

Genau aus diesem Grund brauchen Kinder ein gutes und auf ihren Stand zugeschnittenes Sprachangebot. So können sie Stück für Stück unsere komplizierte Grammatik mit ihrem vielen Regeln und Ausnahmen in den Griff bekommen.

Der Wortschatz

Hören, begreifen, verstehen – so beginnt die Entwicklung des Wortschatzes. Die Mutter sagt „Schau, der Ball!" und rollt dem Kind den Ball zu, das Kind fasst ihn an, klatscht drauf, schubst und merkt, dass er rollen und hüpfen kann. Es begreift das Ding und den Namen dafür! So lernt es in vielen Situationen im Tun und im Spielen, im Umgang mit den Dingen immer mehr dazu. Wörter „sitzen" und können richtig gebraucht werden, wenn ein Kind damit viele Erfahrungen verbinden und die Wörter auch untereinander verknüpfen kann: groß und klein, weich und hart

Wörter brauchen viele Erfahrungen und müssen miteinander verknüpft werden.

Ein Kind versteht immer weit mehr als es tatsächlich spricht.

**Ball
Auto
Mama**

Das Greifen ermöglicht auch das Begreifen.

oder Hund und Schwanz oder eben Ball und rollen und hüpfen und rund.

Dabei versteht ein Kind immer weit mehr als es tatsächlich spricht. Mit zwei bis drei Jahren nimmt der aktive Wortschatz rasant zu. Die Kinder sammeln dann ganze Säcke voller Wörter und entdecken auch ihre sprachliche Kreativität. Ihre Wortschöpfungen sind manchmal nicht nur originell, sondern geradezu genial. Ein Dreijähriger etwa wusste sich zu helfen, als er das Bild einer Windmühle sah und das Wort nicht kannte: Er nannte es sehr treffend „Haushubschrauber". Auch die „Briefnähmaschine" ist eine kluge kindliche Erfindung. Eine Schreibmaschine ist damit gemeint!

Wortgewandte Menschen, die einen großen Wortschatz haben, immer die richtigen Worte finden und sich genau und treffend ausdrücken können, sind in vielen Lebenslagen im Vorteil. Grund genug, mit einem Kind zu reden, zu erzählen, zu zeigen und zu erklären und mit ihm regelrecht auf Schatzsuche nach Wörtern zu gehen. Nicht umsonst heißt es Wortschatz!

Was noch alles mitspielt
Einfluss aufs Sprechen haben noch viele andere Fähigkeiten

 Die Augen sind wichtig: Ein Kind braucht den Blickkontakt, es lernt die Mundbewegungen nachzuahmen und es muss die Dinge sehen, um ihnen einen Namen geben zu können. Ein anderer und ganz entscheidender Sinn ist das Greifen. Wenn ein Kind das weiche Fell, die spitzige Gabel oder die harte Schale einer Nuss gespürt hat, dann hat es die Wörter im wörtlichen Sinn auch begriffen.

Das erste Wort und die ersten Schritte liegen – etwa um den ersten Geburtstag herum – meistens ganz nah beieinander. Ein

Kind erweitert seinen Radius, sobald es laufen kann und so sind auch viele neue sprachliche Erfahrungen in Reichweite. Wenn schließlich auch die Bewegungen der Hände und der Finger geschickter werden, nimmt gleichzeitig die Mundgeschicklichkeit zu und das hilft bei der Artikulation. „Feinmotorik" heißt der Fachbegriff und damit ist nicht nur die Fingerfertigkeit gemeint, sondern auch die Abstimmung der feinen klitzekleinen Bewegungen im Mund. Man hat herausgefunden, dass sich die Bewegung und die Spannung der Hand auf die Mundmuskulatur überträgt. Das kann man manchmal gut beobachten, wenn Kinder zum Beispiel beim konzentrierten Schneiden unwillkürlich ihre Zunge herausstrecken und bewegen. Den Zusammenhang zwischen der Handbewegung und dem Sprechen kannten offenbar schon unsere Urgroßmütter, denn von ihnen stammen die vielen Fingerspiele, die unseren Kindern heute noch Spaß machen.

Konzentration heißt nichts anderes als genau hinhören, hinschauen oder hinspüren. Auch das ist eine Grundlage fürs Sprechenlernen. Zappelige und sehr fahrige und unruhige Kinder tun sich deshalb mit dem Sprechenlernen oft so schwer.

Kurz: Kinder lernen mit allen Sinnen sprechen.

Kinder lernen mit allen Sinnen sprechen.

Der Nährboden der Sprache

Kinder sind kleine Pflänzchen, die zum Wachsen Wärme, Zuneigung, Geborgenheit brauchen. Das ist auch der Nährboden für die Sprache. Die sprachlichen Fähigkeiten gedeihen, vermehren sich und bringen viele Früchte, wenn ein Kind in einer liebevollen, offenen und „gesprächigen" Umgebung aufwächst.

Erzählen Sie Ihrem Kind vom Einkaufen, vom Besuch bei der Freundin und lassen Sie Ihr Kind seine Erlebnisse, Träume, Wünsche erzählen.

Zum Sprechenlernen brauchen Kinder alle ihre Sinne und eine liebevolle Umgebung.

Sprachentwicklungskalender

Jedes Kind hat sein eigenes Tempo. Deshalb sind Zeitangaben für die Sprachentwicklung nur ein ungefähres Maß und kein „Muss". Immerhin kann der normale Verlauf aber als grobe Richtschnur gelten.

Ihr Kind kann

mit 6 Monaten	◆ lallen, verschiedene Laute produzieren	
	◆ nach einer Geräuschquelle schauen	
	◆ vertraute Stimmen erkennen	
	◆ „antworten", indem es Laute von sich gibt	

mit 9 Monaten	◆ einige Wörter verstehen, zum Beispiel „nein"	
	◆ erste Dinge oder Bilder erkennen	
	◆ viele verschiedene Laute produzieren	
	◆ Silben verdoppeln	nana, gaga...
	◆ einzelne Laute nachahmen	

mit 1 Jahr	◆ den eigenen Namen erkennen	
	◆ kleine Aufträge verstehen (wie „Hol den Ball!")	
	◆ durch Kopfnicken oder -schütteln mit „ja" und „nein" reagieren	
	◆ erste einfache Wörter sprechen	Mama, wauwau...

mit 1½ Jahren	◆ viele Wörter und Aufträge verstehen	
	◆ auf Dinge zeigen, die es haben will, oder das Wort oder Laute dafür verwenden	
	◆ immer mehr Wörter sprechen und als Ein-Wort-Sätze verwenden	Auto? Haben!...
	◆ die ersten Laute richtig sprechen	m, b, p, n, f, w, t...
	◆ mit sich selbst plappern	

mit 2 Jahren	◆ viele einfache Wörter schon richtig sprechen	
	◆ in Zwei-Wort-Sätzen sprechen	Papa heim; so mach;
	und etwas verneinen	Milch nein...
	◆ den eigenen Namen sagen	
	◆ Bilder wiedererkennen und benennen	
	◆ 20 oder mehr Wörter benutzen	
	◆ fragen, wie etwas heißt	Is'n das?
mit 2¹/₂ Jahren	◆ in Mehrwortsätzen sprechen	Hund alles aufess;
	◆ auch schwierigere Sätze verstehen	des ganz groß...
	◆ kleinen Geschichten zuhören	
	◆ erste Lieder singen	
mit 3 Jahren	◆ in Mehrwortsätzen sprechen, die oft schon korrekt sind	Die Katze da weglauft;
	◆ Fragen gut verstehen und richtig beantworten	Ich hab auch Durst...
	◆ zu sich selbst „ich" sagen	
	◆ schwierigere Laute bilden	k, g, ch, r...
	◆ Kinderverse singen oder sprechen	
	◆ viele neue Wörter (Wortschatzexplosion)	
mit 4 Jahren	◆ gut und auch für Fremde verständlich sprechen	Wenn du fertig bist,
	◆ die Sätze richtig bauen und Nebensätze verwenden...	spielst du dann mit mir?...
	◆ fast alle Laute und Lautverbindungen sprechen	Blume, Knopf,
	◆ Farben und einfache Formen benennen	Drachen, groß...
	◆ kleine Unterschiede und Gegensätze verstehen	
	◆ zusammenhängend und in der richtigen Reihenfolge von Erlebnissen erzählen	
	◆ Gegenwart, Vergangenheit und Zukunft	
mit 5 Jahren	◆ deutlich und fließend sprechen	
	◆ sich in verschiedenen Situationen ausdrücken	
	◆ Erlebnisse und längere Geschichten zusammenhängend erzählen	

Sprachförderung

Eltern sind von Natur aus die besten Sprachlehrer ihrer Kinder.

Das Sprechenlernen beginnt am Tag der Geburt – oder sogar schon vorher. Aber kein Kind lernt es alleine. Zum Sprechen gehören mindestens zwei! Die Eltern sind von Natur aus die besten Sprachlehrer ihrer Kinder. Sie wissen offenbar von innen heraus, was sie tun und sagen müssen und sie machen es spontan richtig. In allen Sprachen und Kulturen der Welt, das hat man herausgefunden, sprechen Mütter instinktiv auf eine ganz besondere Art mit ihren Kindern und bauen so den Kontakt und das Miteinander auf.

Dieser frühe Austausch zwischen Mutter und Kind ist so wichtig, weil er den Grundstein für die Kommunikation legt und die Sprachentwicklung antreibt. Je früher ein Kind dann tatsächlich zu sprechen beginnt, desto größer sind seine Chancen zum Lernen. Es muss nicht sein, dass ein später Sprechbeginn – etwa erst mit zwei Jahren oder noch später – schwerwiegende Folgen hat, aber er kann immerhin ein Risiko sein. Deshalb sollten Eltern alle ihre Talente nutzen, um schon vom ersten Tag an mit ihrem Kind ins Gespräch zu kommen. Schon da beginnt die Sprachförderung.

Im Laufe des ersten und zweiten Lebensjahres gibt es einige Grundsätze, auf die man bewusst achten sollte. Goldene Regeln der frühen Sprachentwicklung! Vieles erscheint selbstverständlich beim Lesen und wird doch so oft vergessen.

Einer spricht, der andere hört zu

Eine Art von Gespräch kann man schon mit einem sechs Wochen alten Baby führen, denn es reagiert schon auf Ansprache, auf verschiedene Stimmen, auf ein Lächeln, auf Grimassen und Kopfbewegungen. Lange bevor es Sprache überhaupt kennt, erfasst es damit schon die Zweiseitigkeit der Sprache: einer spricht, der andere hört zu, einer fragt, der andere antwortet. Diese ersten Zwiegespräche noch ohne viel Worte kann man gar nicht genug pflegen. Eltern tun das auf ganz natürliche Weise mit dem „Kuckuck"-Versteck-Spiel oder indem sie mit ihrem Baby immer wieder das Geben und Nehmen von Dingen ausprobieren.

Schon sechs Wochen alte Babies sind „gesprächig".

Babies brauchen Nähe

Um sich sicher und geborgen zu fühlen, brauchen Babies viel Nähe. Das gilt auch fürs Sehen. Wussten Sie, dass ein zwei Monate altes Kind nur im Abstand von etwa 30 Zentimetern scharf sieht? In dieser Entfernung kann es Ihre Augen klar erkennen und Ihre Mundbewegungen verfolgen. Und Sie werden merken, dass es mit Augen und Ohren und mit höchster Aufmerksamkeit bei der Sache ist, wenn Sie mit ihm sprechen.

Die Zuwendung und der Blickkontakt gehören immer zum Miteinander-Sprechen. Das gilt für kleine und große Kinder – und für Erwachsene ganz genauso.

Die Zuwendung gehört zum Sprechen.

Übertreiben Sie!

Die Sprachmelodie liefert erste Informationen.

 Wer mit kleinen Kindern spricht, darf ruhig etwas überschwenglich sein. Babies brauchen den Singsang der Stimme und die Sprachmelodie, dann werden sie aufmerksam und entnehmen daraus auch schon ihre ersten sprachlichen Informationen. Schon wenige Monate alte Babies probieren das Auf und Ab der Stimme, die Lautstärke und die Melodie selbst aus, wenn sie brabbeln.

Singen Sie für Ihr Kind!

 Auch wenn Sie sich nicht für ein großes Stimmtalent halten: Singen Sie von Anfang an viel für Ihr Kind! Das können die alten Kinderlieder oder selbst erfundene Melodien oder Sprechgesänge sein. Rhythmus, Betonung und Klang regen das Sprachgefühl an. Auch die überlieferten Kniereiter wie „Hoppe, hoppe Reiter", kleine Krabbelverse und Reime gehören zu den besten Mitteln der frühen Sprachförderung.

Machen Sie Pausen!

Wer Kinder mit Sprache zuschüttet, bremst ihr Interesse.

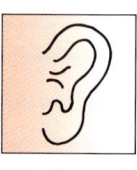 Zum Sprechen gehört der Wechsel: Nach dem einen ist der andere dran. Machen Sie deshalb Pausen, wenn Sie mit Ihrem Kind sprechen! Warten Sie auf seine Reaktion! Kinder sollen viel Sprache hören. Das heißt aber nicht, dass sie damit zugeschüttet werden sollen. Wer unablässig redet, bremst eher das Interesse des Kindes, das Hinhören und das Lauschen. Ein Wortschwall rauscht an einem Kind vorbei!

Geben Sie den Dingen Namen!

Auch wenn ein halbjähriges Kind noch nichts nachsprechen kann, so kann es doch schon eine Menge Wörter lernen. Geben Sie den Dingen deshalb Namen! Die Wörter müssen mit der Situation verbunden sein, dann wird Ihr Kind sie nach und nach verstehen und speichern. Sie müssen nur klar genug, oft genug und im Zusammenhang genannt werden. Zum Beispiel: „Schau mal, eine Banane! - Die Banane riecht gut! Mmmh! – Nimmst du die Banane? – Oh, sie ist groß! - Jetzt müssen wir die Banane schälen...“ Auch hier gilt: Keine Vorträge halten, sondern Pausen machen und dem Kind Zeit zum Reagieren lassen.

Wörter müssen mit der Situation verbunden sein.

Denken Sie laut!

Ein Kind kann ganz nebenbei eine Menge an Sprache aufnehmen. Wer ein Kind nur stumm versorgt oder sprachlos all die Dinge des Alltags verrichtet, verschenkt viele wertvolle Momente. Denken Sie also einfach laut bei vielem, was Sie tun! Beim Wickeln oder beim Tischdecken, beim Kartoffelschälen oder beim Wäsche aufhängen, immer können Sie sagen, was sie gerade tun und Ihr Kind ist dabei der lernende Zuhörer.

Abschalten!

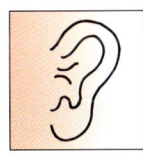

Um „ganz Ohr“ sein zu können, brauchen Kinder ihre volle Konzentration. Dauernde laute Hintergrundgeräusche wie Radio oder Fernsehen sind wie laufende Störmanöver. Schalten Sie deshalb ab,

Zu viele Hintergrund-geräusche sind wie Störmanöver.

wenn Sie sich ganz mit Ihrem Kind beschäftigen wollen! Es kann nicht aufmerksam sein, wenn aus allen Ecken andere Geräusche kommen.

Die Ohren aufsperren und lauschen

Das Horchen fördert schon früh die Konzentration.

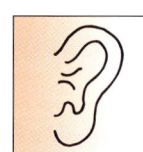 Lehren Sie Ihr Kind das Lauschen! Ermuntern Sie es immer wieder zum Hinhören! Für Babies sind Rassel, Klingelball oder Spieluhr, aber auch das Bellen eines Hundes oder das Telefonläuten ein Grund zum Aufhorchen. Mit ein- und zweijährigen Kindern kann man einfach ein paar Minuten den Finger auf den Mund legen und in die Stille hineinlauschen. Das weckt die Ohren und fördert schon früh die Konzentration.

Wauwau macht hamham?

Babysprache sollte ihre Grenzen haben.

 Ein Hund kann für einen Einjährigen natürlich „wauwau" und eine Katze „miau" heißen. Aber es gibt keinen Grund, warum ein Kind lernen sollte „Wauwau macht hamham" anstatt „Der Hund frisst". Es schadet sicherlich nicht, im ersten Lebensjahr viele Geräuschwörter oder Verkleinerungen zu gebrauchen. Alle diese Ausdrücke sind meistens lautmalerisch, sie gehen dem Kind leicht ins Ohr und auch leicht von der Zunge, sie freuen die Kleinen. Aber das richtige Wort – die Übersetzung quasi – gehört dazu! Die Babysprache sollte ihre Grenzen haben. Bei Zwei- und Dreijährigen ist es längst nicht mehr niedlich, wenn sie von „hottahü" und „ata-ata" reden. Sprechen Sie mit Ihrem Kind also lieber in einfachen Worten als in Baby-Kauderwelsch! Ist Ihr Kind dem Babyalter entwachsen, sollten Sie von sich auch nicht mehr in der dritten

Person sprechen: nicht „Mama geht einkaufen", sondern „Ich gehe einkaufen".

Das Sprechen nicht abnehmen!

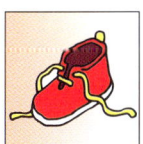 Sobald Ihr Kind – im zweiten Lebensjahr – sich schon ein bisschen äußern kann: Nehmen Sie ihm das Sprechen nicht ab! Ein Kind, dem jeder Wunsch schon vom Gesicht abgelesen wird, hat keinen Grund, etwas zu sagen. Ein Kind, das wortlos alles erreicht, was es will, kann leicht „sprechfaul" sein. Das gelingt auch Drei- und Vierjährigen oft, etwa so: Das Kind hält der Mutter den Fuß hin und diese zieht ihm den Schuh an und bindet ihn. Alles ohne Worte! Denken Sie deshalb auch bei Kleineren daran, dass sie sagen, was sie wollen. Eine gute Möglichkeit sind „oder"-Fragen: „Magst du Milch oder Tee?" So ist einem Kind, das gerade erst sprechen lernt, das Wort schon vorgegeben und es kann sich entscheiden.

Wenn ein Kind wortlos alles erreicht, braucht es nicht zu sprechen.

Immer einen Schritt voraus!

 Eltern sprechen meistens ganz automatisch mit Ihrem Kind auf der richtigen Stufe: nicht zu kompliziert und nicht zu einfach. Zu einem Einjährigen wird kaum jemand sagen: „Die Bauklötze müssen aufgeräumt werden, bevor wir zu essen beginnen", sondern eher: „Komm, wir räumen die Bauklötze auf! Und dann gibt's Essen!" Das Geheimnis des Sprechenlernens liegt auch darin, dass Eltern den Kindern immer einen sprachlichen Schritt voraus sind. Sie bieten ganz einfache Sätze an, wenn das Kind gerade Wörter aneinanderreiht. Beherrscht das Kind die einfachen Sätze, so verwenden sie längere Aussagen und Nebensätze.

Auf der richtigen Stufe sprechen: Nicht zu kompliziert und nicht zu einfach.

Verbessern – aber wie?

Falsches nicht ausdrücklich verbessern, sondern einfach richtig wiederholen!

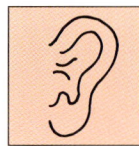

Sie tun genau das Richtige, wenn Sie die anfänglichen Sprechversuche Ihres Kindes richtig wiederholen. „Fant" sagt das Kind und Sie antworten: „Ja, ein Elefant! Ein Elefant ist das!" Oder: „Auto tommen" – und Sie wiederholen richtig: „Ein Auto kommt." Das ist der Weg, wie Kinder dazulernen! Unter Fachleuten heißt es „korrektives Feedback". Es bedeutet nichts anderes, als dass Sie dem Kind eine Rückmeldung in der richtigen Form geben.

Versuche wie „Nun sag es richtig! Hör zu, wie es heißt!..." sind völlig zwecklos. Vielleicht spricht das Kind einmal richtig nach, aber gelernt hat es dadurch nichts, weil es eben noch nicht auf dieser Sprachstufe angelangt ist. Viele Eltern reagieren bei diesem Tipp ungläubig und meinen, ihr Kind brauche doch richtige Sprachlektionen. Aber das Gegenteil ist der Fall: Wenn ein Kind immer korrigiert wird und alles „richtig" können soll, wo es doch ohnehin sein Bestes gibt, dann verliert es schnell die Lust. Das ist verständlich – und außerdem gefährlich, denn der Spaß am Sprechen kann verloren gehen. Hüten Sie sich also vor vielleicht gut gemeintem Sprach-Unterricht!

Das Sprachvorbild

Deutlich, langsam und nicht zu viel auf einmal sprechen!

Kinder sind auf die Eltern als Sprachvorbild angewiesen. An einige Grundsätze sollte man sich selbst deshalb immer wieder erinnern: Sprechen Sie deutlich und laut genug, eher langsam und nicht zu viel auf einmal und betonen Sie gut! Das langsame Sprechen ist besonders wichtig, denn ein Kind muss aus dem Gehörten unglaublich viele Informationen entnehmen und dafür braucht es Zeit.

Noch entscheidender ist, dass Sie gerne mit Ihrem Kind sprechen

und gemeinsam dabei Spaß haben. Die Lust am Sprechen ist der beste Antrieb für die Sprachentwicklung! Ein Vorbild sind Sie Ihrem Kind aber auch für seine Fähigkeiten in der Kommunikation. Wie Sie mit anderen umgehen und sprechen, wie Sie die Sprache nutzen, das guckt und hört es von Ihnen ab!

Auch Spielkameraden können für Ihr Kind kleine Lehrmeister der Sprache und der Kommunikation sein. Fördern Sie deshalb Kontakte mit Gleichaltrigen!

Wort für Wort spielend lernen
Wie die sprachlichen Fähigkeiten wachsen

Ein kleines Baby spielt mit der klingelnden Wagenkette, ein sechs Monate altes Kind spielt mit einem Kochlöffel oder mit einem Ball, ein Einjähriges spielt mit einem Schiebeauto, ein Zweijähriges mit Bauklötzen, ein Dreijähriges vielleicht mit einem Zug. Immer lernen Kinder dabei spielend! Sie sind mit allen Sinnen aktiv. Fast könnte man sagen, sie sind bei der Arbeit, denn spielen ist echte und wichtige Lernarbeit für die Entwicklung. Neugier und Spieltrieb verhelfen den Kindern zu immer neuen Erfahrungen und mehr Wissen. So wachsen auch die sprachlichen Fähigkeiten.

Bausteine, Puppenstube, Kaufladen

Im Spiel entdecken die Kinder die Sprache. Denken Sie nur an die vielen Begriffe, Vorstellungen und Vergleiche, die ein Kind sammeln kann, wenn es einen Turm aus Bausteinen baut: Die Bausteine sind aus Holz, eckig, groß oder klein, lang oder kurz; die großen Steine

Im Spiel entdecken Kinder Sprache und viel Wissen. Dazu brauchen sie Spielpartner.

müssen unten sein, die kleineren oben; der Turm ist noch niedrig, wird hoch und noch höher, oben kommt immer noch ein Stein drauf, vorsichtig muss man die Steine stapeln, bis der Turm umfällt... Das ist eine Menge an Wortschatz und Wissen.

Kinder brauchen freilich Spielpartner, die ihnen mit den Dingen auch die Wörter vertraut machen. Wenn Sie mit Ihrem Kind spielen, dann können Sie ihm eine riesige sprachliche Ausstattung liefern. In einem einzigen Spielzeug stecken immer viele viele Wörter. Das Spiel füllt sie mit Inhalt. Ob Bauernhof oder Eisenbahn, Autos oder Kuscheltiere, Kaufladen oder Puppenküche – alles bietet im wahrsten Sinne des Wortes auch viel Spielraum für die Sprache.

Nicht wortlos spielen!

Sprechen und spielen gehören zusammen.

Viele bekannte und beliebte Spiele sind eine gute Sprachförderung – allerdings nur, wenn man nicht wortlos spielt!

Zum Beispiel Memory: Achten Sie von Anfang an darauf, dass jeder das Wort sagt, das er aufgedeckt hat: „Eine Blume... und eine Kastanie. Passt leider nicht!" Oder Lottospiele: Wer eine Karte vom Stapel aufgedeckt hat, darf sie nicht nur zeigen, sondern muss auch fragen: „Wem gehört das Schwein?" Immer müssen Sie natürlich mit gutem Sprachbeispiel vorangehen.

Das gleiche gilt für Würfelspiele, bei denen die Kinder mit dem Hüpfen und Abzählen gleich erste Mathematik lernen. Man kann alles mit Sprache begleiten, zum Beispiel: „Du hast vier. Oh, da kannst du mich überholen. Du bist vorne! Aber wenn ich eine Sechs bekomme, bin ich im Ziel..."

Viele Seiten voller Sprache
Warum Kinder von klein auf Bücher brauchen

 Es gibt Mütter, die ihren wenige Wochen alten Babies oder sogar ihren Ungeborenen laut Geschichten vorlesen. Sie haben gewiss nicht unrecht! Das Vorlesen von klein auf ist ein Sprachangebot, das Kindern den Klang der Sprache und der Stimme vertraut macht und von diesen frühen Erfahrungen profitieren sie lange.

Zweisamkeit und Geborgenheit

 Zum Vorlesen gehört die körperliche Nähe und das ist ein wohliges Vergnügen für Babies genauso wie für Fünfjährige. Suchen Sie deshalb immer einen ruhigen kuscheligen Platz und nehmen Sie sich Zeit! Dann erleben Kinder Zweisamkeit und Geborgenheit. Dann sind sie auch aufnahmebereit für die vielen sprachlichen Schätze, die in Büchern verborgen sind und sie lassen sich gerne verzaubern von den Wörtern und Geschichten. Nicht zuletzt lernen sie beim Vorlesen das Zuhören.

Kinder lieben es, wenn die Vorlesezeit zu einem schönen Ritual gemacht wird: wenn sie zum Beispiel vorher eine Geschichtenkerze anzünden oder mit einem alten Schlüssel das vorgestellte „Tor zum Geschichtenland" aufsperren dürfen.

Zum Vorlesen gehört die körperliche Nähe.

Ein erstes Sprachprogramm

Sprachmuster prägen sich durch viele Wiederholungen ein.

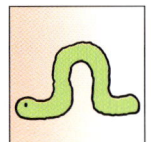 Ob Pappbilderbücher für die Kleinen oder Geschichtenbücher für die Größeren, immer lernt Ihr Kind beim Anschauen und Vorlesen eine Menge Sprache. Es hört neue Wörter und lernt die Welt der Bilder kennen. Die einfache Sprache der Bilderbücher führt ein Kind ganz allmählich auf den Pfad des sprachlichen Ausdrucks. Es hört Satz- und Sprachmuster, die sich durch viele Wiederholungen einprägen und die ein wichtiges Inventar sind für das Sprachvermögen. In der Computersprache könnte man sagen: Mit dem frühen Vorlesen installieren Sie für Ihr Kind schon ein erstes Sprachprogramm, das es später anwenden kann.

Eine gute Hilfe zum Sprechenlernen sind für Zwei- und Dreijährige Bilderbücher mit vielen Wiederholungen, in denen ein bestimmtes Satzmuster immer wieder vorkommt. Ein Beispiel dafür ist „Die kleine Raupe Nimmersatt" ebenso wie weitere Bücher von Eric Carle.

Zeit zum Lesen, Zeit zum Sprechen

Wecken Sie beim Vorlesen Neugier und Fantasie!

 Bilder- und Geschichtenbücher sind vor allem ein Anlass zum Sprechen. Lesen Sie deshalb nie nur schnell ein paar Seiten in Eile! Die besten Gelegenheiten zur Sprachförderung wären dann verschenkt. Lassen Sie Ihr Kind die Bilder betrachten, dazu erzählen und vermuten, wie es weitergeht! Machen Sie Ihr Kind neugierig und regen Sie es zum Fragen an! Und lassen Sie seiner Fantasie freien Lauf, wenn es eine Geschichte weiterspinnen oder verändern oder sich selbst in die Abenteuer mit einbauen will. Und schlagen Sie ein Buch nicht einfach zu, sondern verweilen Sie am Schluss und erinnern Sie sich gemeinsam mit Ihrem Kind: „Wie war das?

Warum? Weißt du noch..? Was wäre gewesen, wenn..." Dann sind Bücher eine wahre Fundgrube für die Sprachförderung und für die Denkentwicklung.

Die beste Vorbereitung aufs Lesen

 Noch ein überzeugendes Argument fürs Vorlesen: Es bereitet den Weg zum Lesenlernen! Wenn Bücher zu den schönen Seiten des Alltags gehören, dann wird dadurch auch das Interesse der Kinder an Gedrucktem und Geschriebenem geweckt. Dann bekommen sie eine Ahnung davon, was sich hinter den Zeichen verbirgt und wie Sprache schwarz auf weiß in den Zeilen verpackt ist.

Vorschulkindern kann man beim Vorlesen viele Voraussetzungen fürs spätere Lesenlernen nahebringen. Wenn Sie zum Beispiel immer mit dem Finger mitzeigen, gewöhnt sich Ihr Kind gleich an die Lese- und Schreibrichtung von links nach rechts und an den Zeilensprung. Man kann auf Überschriften, auf bestimmte häufige Wörter oder Buchstaben aufmerksam machen, Punkte suchen oder das Kind mit dem Finger selber „lesen" lassen. Das Wichtigste: Man kann die Freude am Lesen wecken und das ist das Fundament des Lernens. Bei vielen Untersuchungen hat sich herausgestellt, dass gute Leser fast immer aus gesprächsfreudigen Familien kommen, in denen viel gelesen und viel vorgelesen wird. Bücher sind spannend oder spaßig, sie führen uns auf Entdeckungsreisen oder in Fantasiewelten und sie können uns klüger machen. Wenn Sie Ihrem Kind das vermitteln, dann haben Sie mehr geleistet fürs Lesen- und Schreibenlernen als durch ein Vorschul-Trainingsprogramm.

Das Wichtigste: Die Freude am Lesen und an Büchern vermitteln!

Tipps fürs Vorlesen

■ Lesen Sie lieber übertrieben ausdrucksvoll – zum Beispiel mit verstellter Stimme bei der wörtlichen Rede – als monoton und gleichmäßig!

■ Begleiten Sie den Text, wenn möglich, mit Bewegung, mit Gesten oder Berührungen. Wenn eine Geschichte von einem Käfer handelt, kann man etwa am Arm des Kindes hochkrabbeln.

■ Lesen Sie nicht zu schnell! Das Zuhören und Verstehen braucht Zeit. Wiederholen Sie ruhig Stellen, wenn sie Ihnen wichtig erscheinen oder wenn Sie merken, dass Ihr Kind aufhorcht!

■ Betrachten Sie gemeinsam die Bilder, sprechen Sie darüber und machen Sie Ihr Kind auf Einzelheiten aufmerksam!

■ Bevor Sie umblättern: Vermuten Sie gemeinsam mit Ihrem Kind, wie es weitergehen könnte!

■ Erklären Sie Wörter, die Ihrem Kind noch fremd sind! Fragen Sie später noch, ob es die Bedeutung noch kennt!

■ Wenn Sie eine Geschichte wiederholen: Versuchen Sie, immer auf die gleiche Art vorzulesen. Kinder lieben das, weil es ihrem Bedürfnis nach Sicherheit und Beständigkeit entspricht. Und die sprachlichen Formen prägen sich besser ein, wenn sie gleichbleibend dargeboten werden.

■ Und wundern Sie sich nicht und werden Sie des Vorlesens nicht müde, wenn Ihr Kind die gleiche Geschichte zig-mal hören will! Gerade die Wiederholung des Bekannten macht oft den Reiz aus. Und Sie können davon ausgehen, dass hinter der Vorliebe für ein bestimmtes Buch oder eine Geschichte etwas Wichtiges steckt, was das Kind berührt.

Entdecken und Lernen mit Bildern

 Kinder im ersten und zweiten Lebensjahr brauchen vor allem Dinge, die sie anfassen und untersuchen können. Sie lernen zuerst mit den Händen. Dann erst kommen die Augen mehr in den Blickpunkt. Für Drei- bis Sechsjährige gibt es deshalb ein weiteres wichtiges Mittel zum Entdecken und Lernen: Bilder.

Sie sind eine Fundgrube für die Sprachförderung. Allerdings nur, wenn man die Schätze auch ausgräbt, die darin verborgen sind. Nur abfragen – „Was ist das? Und das?" – hilft wenig und es verleidet Kindern eher das Sprechen. Ein Bild muss man vielmehr zum Suchen und Vergleichen, zum Entdecken und Denken nutzen. Über das Bild kann man mit dem Kind ins Gespräch kommen!

Was können Sie damit für die Sprache Ihres Kindes tun? Was kann ein Kind dabei alles lernen? Zum Beispiel:

■ Einzelheiten finden und mit Wörtern beschreiben: Siehst du das Kind, das weint? Findest du die Gießkanne? Oder als Rätsel: Ich sehe was, was du nicht siehst, und das ist rund.

■ Vergleichen und ordnen: Welches ist wohl das kleinste Kind? Zähl mal, wieviele Kinder auf dem Spielplatz sind!

■ Erklären und begründen: Warum streiten die Kinder? Was will der Hund? Wozu braucht das Kind die Gießkanne?

■ Vorausdenken und logisch denken: Was passiert gleich, wenn ein Kind runterrutscht? Was wäre, wenn es plötzlich zu regnen anfängt?

■ Selbst eine Meinung äußern: Was gefällt dir? Was meist du? Was würdest du bei dem Streit tun?

■ Bilder auf die eigene Welt beziehen: Würde dir der Spielplatz gefallen? Sieht er aus wie unserer?

■ Fantasie anregen: Stell dir vor, wir könnten einen Spielplatz erfinden. Was könnten wir alles bauen!

Wenn Bilder zum Gespräch führen, dann ist das beste Sprach- und Denkförderung!

Fernsehen und Computer? Ja, aber ...

Geräte können das Gespräch von Angesicht zu Angesicht nie ersetzen.

 Fernseher, Computer, Videos sind aus unserer Welt nicht mehr wegzudenken. Kinder wachsen damit auf und vermutlich werden sie die Medien in Schule und Beruf weit mehr brauchen als wir. Es wäre also unsinnig, ihnen den Umgang damit zu verbieten.

Aber: Es kommt auf den Gebrauch an und auf die Zeit, die ein Fernseher oder ein Computer im Leben eines Kindes einnimmt. Alle Eltern wissen wohl, dass ein drei- oder fünfjähriges Kind nicht eine ganze Stunde alleine vor dem Fernseher verbringen soll. Sie wissen auch, dass Sendungen für Kinder bewusst ausgewählt, gemeinsam angeschaut und besprochen werden sollten. Im Alltag ist das nicht immer so leicht durchzuhalten.

Dennoch sollte man immer wieder bedenken: Für die Sprachförderung taugt der Fernseher nicht. Aus einem ganz einfachen Grund: Er antwortet nicht! Er setzt nur etwas vor. Sprechen lernen Kinder aber vor allem durch das Gespräch von Angesicht zu Angesicht, durch Frage und Antwort, durch das Miteinander und durch das Spiel und das eigene Tun. Vor dem Fernseher können sie sitzen und schauen und hören, sonst nichts.

Wenn Sie sich überlegen, was Kindern an Kontakt, Gespräch, Spiel und Bewegung entgeht, während sie fernsehen, dann schalten Sie vielleicht einmal mehr aus – oder gar nicht erst ein. Oder Sie ersetzen eine Stunde vor der Mattscheibe öfter mal durch eine halbe Stunde Vorlesen. Ihr Kind gewinnt dabei so viel mehr!

Übrigens: Auch Sprechlernspiele am Computer ersetzen nie und nimmer den persönlichen Draht und das echte Gespräch mit dem Kind.

Spiel-Ideen zum Sprechenlernen

Auf den folgenden Seiten finden Sie eine Auswahl von Spiel-Ideen zum Sprechenlernen für kleine und größere Kinder. Es sind Beispiele dafür, wie man verschiedene Bereiche der Sprache mit wenig Aufwand und Material im Alltag spielerisch fördern kann. Sie können sich von den vorgestellten Spielen zu vielen Varianten und weiteren Möglichkeiten anregen lassen. Der gemeinsa-

me Spaß dabei und die Lust am Sprechen und Ausprobieren sind das Wichtigste.

Alle Beispiele dienen der Sprachförderung und sind für alle Kinder nützlich und sinnvoll. Sie können aber auch ganz gezielt je nach dem Sprachproblem eines Kindes eingesetzt werden. Im dritten Teil des Buches finden Sie Infomationen dazu.

Für die Kleinsten: Kitzelverse und Fingerspiele

Sie kennen bestimmt die alten Kniereiter wie „Hoppe, hoppe, Reiter", Fingerspiele wie „Das ist der Daumen, der schüttelt die Pflaumen..." oder Fingerspiele wie „Zehn kleine Zappelmänner". Hier sind weitere Verse, die Sie vielleicht zu eigenen Ideen anregen.

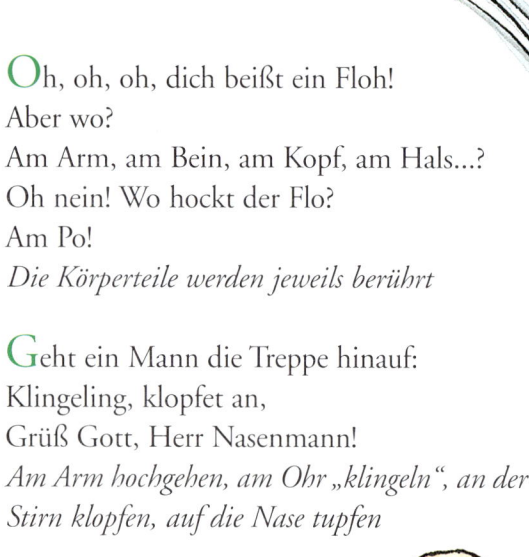

Oh, oh, oh, dich beißt ein Floh!
Aber wo?
Am Arm, am Bein, am Kopf, am Hals...?
Oh nein! Wo hockt der Flo?
Am Po!
Die Körperteile werden jeweils berührt

Geht ein Mann die Treppe hinauf:
Klingeling, klopfet an,
Grüß Gott, Herr Nasenmann!
Am Arm hochgehen, am Ohr „klingeln", an der Stirn klopfen, auf die Nase tupfen

Die Sonne, die scheint hell,
ein Pferdchen, das läuft schnell,
und wenn der Reiter will,
dann steht das Pferdchen still.
Kniereiter: das Kind hopsen lassen

Ein kleines feines Krabbeltier,
das krabbelt langsam hoch zu dir.
An den Zehen fängt es an,
krabbelt dann zum Knie heran.
Rauf zum Knie und rauf zum Bauch,
da ruht es sich dann erst mal aus.
Dann krabbelt es zum Hals ganz rauf,
dann hüpft es schnell zum Kinn hinauf.
Dann krabbelt es ins Ohr,
doch kommt's sofort hervor.
Es sucht sich lieber einen Platz
auf der Nas' von meinem Schatz.
Von unten nach oben mit Kitzeln erzählen

Da kommt, da kommt ein Rehchen,
das zupft den/die ... am Zehchen.
Da kommt, da kommt ein Schweinchen,
das zupft ... am Beinchen.
Da kommt, da kommt ein Entchen,
das zupft ... am Händchen.
Da kommt, da kommt ein Häschen,
das zupft ... am Näschen.
Da kommt, da kommt ein Bärchen,
das zupft ... am Härchen.
Da kommt, da kommt ein Hündchen,
das zupft ... am Mündchen.
Da kommt, da kommt ein Schwänchen,
das zupft ... am Zähnchen.
Da kommt, da kommt ein Flöhchen,
das zwickt ... ins Pöchen!
Hier jeweils den Namen des Kindes einfügen

Das ist die Katze, die macht miau.
Das ist der Hund, der macht wau-wau.
Das ist die Kuh, die macht muh.
Das ist das Schweinchen, das macht ch-ch.
Das ist die Ziege, die macht meck-meck –
Und jetzt sind alle Tiere weg!
Die Finger abzählen und dann
verschwinden lassen

Das ist der Fitzifatz,
das ist der Ritziratz,
das ist der Pitzipatz,
das ist der Kroklowatz
und das ist der kleine Spatz!
An den Fingern abzählen

Fünf Schweinchen aus der Stadt Essen,
die wollten immer nur fressen.
Das erste frisst ein Fass Sauerkraut.
Das zweite frisst einen Pudding mit Haut.
Das dritte frisst einen Nudelsalat.
Das vierte frisst einen Brei aus Spinat.
Das fünfte frisst Kartoffelsuppe,
von einem Fisch die größte Schuppe
und die Haare von der Puppe.
An den Fingern abzählen

Mein Häuschen ist nicht grade,
das ist aber schade!
Mein Häuschen ist ein bisschen krumm,
das ist aber dumm!
Hui, da bläst der Wind hinein,
bums – da fällt mein Häuschen ein!
Mit den Händen das schiefe Dach darstellen,
hineinblasen und zusammenfallen lassen

Ein kleines rotes Käferlein,
das geht spazieren ganz allein.
Jetzt kommt es an ein großes Haus,
da schaut Frau Maus zum Fenster raus.
Das Käferlein macht brummelbrumm
und kehrt ganz eilig wieder um.
Eine Hand krabbelt als Käfer,
die andere stellt das Haus dar

Pusten und blasen

Die Atmung ist die Grundlage fürs Sprechen und für die Stimme. Bei der Bildung vieler Laute kommt es darauf an, dass der Luftstrom gezielt gelenkt wird. Puste-, Blase- und Ansaugspiele unterstützen die Atmung und die Lautbildung und kräftigen die Mundmuskulatur – und außerdem machen sie Kindern ab zwei bis drei Jahren ungeheuren Spaß!

Das Spielmaterial

Zum Pusten und Blasen eignen sich alle möglichen Dinge, die rollen und sich bewegen lassen: Murmeln, Tischtennisbälle, Filmdosen, Stifte, Schraubverschlüsse, Papier, Watte und Federn, Blätter und Blüten, Windräder, Pfeifen und Tröten, Luftschlangen... Bei allen Pustespielen kann man auch Strohhalme verwenden: Mit dicken Halmen geht's leichter, die dünnen verlangen mehr Kraft.
Achtung: Nie zu lange pusten, sonst wird es Ihrem Kind schwindlig!

Kerzenspiele

Probieren Sie mit Ihrem Kind Kunststücke aus: die Flamme vorsichtig anblasen und zum Flackern bringen, aus unterschiedlicher Entfernung ausblasen oder mehrere brennende Kerzen nebeneinander stellen und nur eine bestimmte Flamme ausblasen. Und was passiert, wenn man die Laute „h", „k", „b" oder „p" (nicht „ha", sondern „h", nicht „ka", sondern „k") ganz deutlich spricht? Flackert die Flamme oder geht sie aus?

Strohhalmrakete

In einen dicken Strohhalm wird ein dünner Halm gesteckt und dann mit Kraft herausgepustet. Man kann ein Ziel vereinbaren oder aber einfach um die Wette pusten.

Pralinenschachtel

Leere Pralinenschachteln und Eierpaletten (30er Lagen) eignen sich gut für Blasespiele, denn man kann leichte Dinge von Fach zu Fach pusten. Legen Sie zum Beispiel ein Steinchen oder ein Bonbon als Ziel in ein Fach. Ihr Kind soll nun versuchen, eine Feder, ein Wattekügelchen oder eine Styroporkugel von einem Startpunkt am Rand aus durch die Felder zu diesem Ziel zu blasen.

Seifenblasen

Eine wunderbar luftige Blaseübung! Sie können Seifenblasen aus Wasser, Geschirrspülmittel und ein paar Tropfen Glyzerin leicht selber herstellen. Was Kinder außerdem gerne machen: durch Strohhalmpusten im Glas riesige Schneeberge auftürmen.

Tor!

Bauen Sie ein Tor aus Bauklötzen! Jeder Mitspieler soll versuchen, seinen Tischtennisball
oder seine Wattekugel ins Tor zu blasen. Mit
zwei Toren kann man „Blasefußball" spielen.

Einen Schatz freilegen

Vergraben Sie einen kleinen Schatz – einen
Edelstein, Glasstein oder eine Murmel – in
einer Schale voller Sand. Ihr Kind soll den
Schatz freilegen, indem es mit dem Strohhalm in den Sand pustet.

Becherball

Einer bläst einen Tischtennisball über den
Tisch, der andere muss versuchen, den Ball
mit einem Plastikbecher am Rand des Tisches
aufzufangen.

Staubsauger und Laubsauger

Der Staubsauger ist ein Strohhalm, dessen
Ende leicht angeschrägt werden sollte. Mit
dem Halm kann alles mögliche angesaugt
und transportiert werden. Zum Beispiel: Pa-
pierschnipsel ansaugen und in eine kleine
Schachtel als Abfalleimer legen, aus Seiden-
papier ausgeschnittene Fische auf ein blaues
Tuch als See tragen, Federn zum Bild von
einem Vogel tragen, Erbsen ansaugen und in
ein Glas fallen lassen... Aus dem Staubsauger
wird im Herbst ein „Laubsauger",
wenn man damit Blätter
aufsammelt.

Hindernisrennen

Bauen Sie aus Bauklötzen, Stäben, Hölzern,
Bleistiften oder Trinkhalmen eine Straße mit
Hindernissen – etwa Baumstämme oder
Baustellen, die den Weg versperren. Ihr Kind
soll Kartoffelchips vom Start bis ins Ziel bringen und das bedeutet: In der Bahn blasen
und bei Hindernissen ansaugen und darüber-
heben. Wer aus der Bahn kommt, muss
zurück zum Start!

Flüsterschlauch

Lustige und seltsame Geräusche kann man erzeugen, wenn man durch einen Schlauch oder ein Rohr pustet oder prustet, brummt oder haucht. Pappröhren eignen sich dafür ebenso wie Isolierschläuche (aus dem Baumarkt) oder Heulschläuche (vom Jahrmarkt). Sie können mit Ihrem Kind auch einzelne Laute oder Wörter durch den Schlauch sprechen oder flüstern. Einer sagt zum Beispiel ein Wort durch den Flüsterschlauch, der andere soll es erraten.

Tipp: Lassen Sie Ihr Kind häufig mit einem Strohhalm trinken! Das erfordert etwas Kraft und trainiert die Mundmuskeln ebenso wie die Spiele, bei denen etwas angesaugt werden soll.

Mundturnen

Lippen und Zunge und die gesamte Mundmuskulatur müssen kräftig und gut beweglich sein, damit die Artikulation gelingt. Um die Laute richtig bilden zu können, brauchen Kinder zudem ein feines Gespür im Mundraum. Deshalb sind Übungen rund um den Mund gerade für Kinder mit Problemen in der Aussprache so wichtig – und das Mundturnen macht allen meistens Riesenspaß.

Hausputz

Spielen Sie „Mäuschen im Haus" mit Zunge und Mund! Das Mäuschen (Zunge) muss alle Winkel des Hauses gründlich putzen. Dazu gehören die große Eingangstür (Zahnreihen oben und unten), der Dachboden (Gaumen), der Keller (Unterkiefer) und die Wände (Backen). Dann darf sich das Mäuschen ausruhen oder Späße machen: die Zunge schaut nach rechts und links, nach oben und unten aus dem Haus heraus, sie wackelt oder wartet auf eine Brotzeit nach dem Hausputz.

Elefantentransport

Ihr Kind spielt den Elefanten, der Baumstämme tragen kann. Dazu muss es eine Salzstange mit den Lippen vom Tisch aufnehmen, in den „Rüssel" einrollen, über eine Strecke tragen und wieder ablegen. Zum Schluss kriegt der Elefant Futter: Ihr Kind darf die Salzstange an einem Ende in den Mund nehmen und soll sie dann ohne Hände essen, also mit den Lippen einziehen. (Die Hände dabei am besten auf den Rücken!) Man kann aus einer Salzstange, die quer zwischen den Lippen liegt, auch zwei Stoßzähne machen: einfach im Mund in zwei Hälften brechen.

Männchen im Haus

Malen Sie für jeden Mitspieler ein Haus! Jeder bekommt vier Spielfiguren und muss auf ein Kommando die Männchen nur mit den Lippen (nicht mit den Zähnen!) in sein Haus tragen. Wer seine Mannschaft zuerst untergebracht hat, bekommt eine Belohnung.

Kicherhexe und Eule

Erfinden Sie ein Geschichte von einer Kicherhexe und einer Eule! Die Hexe kichert „hihi" und die Eule heult „huhu". Wenn also von der Hexe die Rede ist, kichert Ihr Kind jedesmal „hihi" und bei der Eule macht es „huhu". Das stärkt die Lippen, denn sie müssen beim I breitgezogen und beim U rund geformt werden.

Teiglecken

Streichen Sie einen Klecks Kuchenteig, Honig oder Marmelade auf eine Stelle in der Nähe der Lippen. Ihr Kind soll mit der Zunge den süßen Fleck weglecken.

Nudelrätsel

Suchen Sie ein paar Nudeln in verschiedenen Formen zusammen – Spiralen, ein Stücken Bandnudel oder Spaghetti, Muscheln oder Schmetterlingsnudeln – und befühlen und beschreiben Sie gemeinsam die Formen! Dann schließt Ihr Kind die Augen, Sie legen ihm eine Nudel auf die Zunge und es soll die Form erkennen.

Mundschüssel

Legen Sie Ihrem Kind ein Stückchen Keks, eine Nuss oder ähnliches auf die Zunge. Es soll mit der gefüllten Mundschüssel eine Strecke laufen – zum Beispiel in ein anderes Zimmer – und den Inhalt heil wieder zurückbringen. Dann erst wird aufgegessen, was in der „Schüssel" ist.

Zungenautomat

Auf Knopfdruck funktioniert dieser Automat: Sie ziehen leicht am rechten Ohr Ihres Kindes und seine Zunge soll sofort in den rechten Mundwinkel wandern, das gleiche passiert links. Drücken Sie auf die Nase, so geht die Zunge nach oben, tippen Sie auf die Brust, geht sie nach unten. Ein Knopfdruck auf die Stirn heißt: Automat geschlossen, der Mund geht zu.

Mit der Zunge zählen

Legen Sie Ihrem Kind zwei, drei oder vier Kerne, Nüsse oder Keksstückchen auf die Zunge. Kann es mit der Zunge zählen?

Zungenschnecke

Die Zunge wird – Hokus-pokus, 1,2,3 – in eine Schnecke verzaubert und diese kommt ganz langsam aus ihrem Schneckenhaus heraus. Dann zieht sie sich ebenso bedächtig zurück, rollt sich im Haus nach oben ein und sperrt das Tor zu (die Lippen werden geschlossen). Der Mund sollte am Anfang so weit geöffnet sein, dass die Zunge als „Schnecke" schwebt und die Zähne nicht berührt.

GACK GICK GECK GUCK

Fischesprache, Hühnersprache

Probieren Sie mit Ihrem Kind alle möglichen verrückten Tiersprachen aus: die Fischesprache (blubb, blabb, blobb...), die Hühnersprache (gick, gack, geck, guck...), die Hundesprache (wau-wau, wuff...) oder die Bienensprache (simm, summ...) Man kann so ein lustiges Gespräch unter Tieren führen, die sich begrüßen, sich etwas erzählen oder miteinander streiten.

Faxen machen

Ein großer Spaß und außerdem ein gutes Training für die ganze Gesichtsmuskulatur: Faxen machen und Grimassen schneiden. Man kann Grimassen vor- und nachmachen, sich dabei im Spiegel beobachten oder andere erschrecken, Namen für die Gruselgesichter ausdenken – und einfach viel Spaß haben.
Tipp: Schneiden Sie für Ihr Kind nie die Brotrinde ab und sorgen Sie dafür, dass es oft feste Speisen isst! Gerade das Kauen fördert die Kraft im Mund.

Hören und Horchen

Ein feines Gehör ist entscheidend fürs Sprechenlernen. Zur Sprachförderung gehören deshalb alle Spiele, bei denen Ihr Kind hören, horchen, lauschen, reagieren und sich konzentrieren muss.

Geräuscheraten

Suchen Sie einige Gegenstände aus dem Haushalt zusammen und probieren Sie gemeinsam aus, welche Geräusche sie machen: eine Schere, ein Salatbesteck, eine Pfeffermühle, ein Deckel auf einem Kochtopf, ein Kaffeelöffel oder ein Kochlöffel, der an ein Glas geschlagen wird... Dann produziert immer einer ein Geräusch und der andere muss es erraten.
Für Vierjährige kann man die Aufgabe erschweren: Sie sollen sich die Reihenfolge von zwei, drei oder vier Geräuschen merken.

Marmeladengläser

Füllen Sie leere Marmeladengläser mit Erbsen, Bohnen, Kieselsteinen, Reis oder Sand! Einer schüttelt ein Glas, der andere dreht sich währenddessen um und muss es erraten.

Tipp: Bekleben oder bemalen Sie die Gläser mit Ihrem Kind, dann ist der Inhalt nicht zu sehen.

Was fällt denn da?

Probieren Sie aus, wie es sich anhört, wenn eine Büroklammer, ein Stückchen Papier, eine Rosine, eine Nuss oder eine Murmel in einen Becher fällt. Einer lässt dann immer etwas in den Becher fallen, der andere soll es erraten.

Eieruhr

Verstecken Sie eine tickende Eieruhr oder einen Wecker im Raum! Ihr Kind soll die Uhr oder den Wecker suchen. Man kann auch eine Spieluhr aufziehen und verstecken. Dann geht die Suche auf Zeit, denn bis die Spieluhr abgelaufen ist, soll Ihr Kind sie entdeckt haben.

Bonbonglas

Ihr Kind sitzt mit verbundenen Augen auf dem Boden und Sie rollen ein verschlossenes Bonbonglas oder eine Geräuschdose weg. Sobald das Glas liegenbleibt, soll Ihr Kind auf die Suche gehen – und vielleicht gibt es für den Finder dann eine Belohnung aus dem Glas.

Kätzchen sucht Katze

Verbinden Sie Ihrem Kind die Augen – oder noch besser: Basteln Sie zusammen eine Katzenmaske! Dann gehen Sie voraus und miauen, Ihr Kind als Kätzchen soll Ihnen immer folgen – vielleicht bis zum Fressnapf, wo es etwas zu futtern gibt.

Man kann das Kind genauso mit einer kleinen Glocke oder mit zwei klappernden Löffeln oder anderen Geräuschen führen.

Laut und leise

Man braucht eine Trommel oder einfach einen Topf mit Kochlöffel. Einer ist der „Chef" und gibt den Ton an. Wenn er laut trommelt, stampfen alle wie Elefanten, wenn er leise klopft, schleichen alle wie die

Indianer. Weitere Möglichkeiten: bei „laut" die Arme hochstrecken, bei „leise" in die Hocke gehen. Kinder ab etwa fünf Jahren können schon Symbole malen: zum Beispiel für „laut" eine dicke Kugel, für „leise" einen kleinen Punkt.

Mäusefutter

In einer Schale liegen Sonnenblumenkerne oder ähnliches für die Maus. Sie sagen verschiedene Tierstimmem oder erfundene Silben, aber nur bei „pieps" darf sich Ihr Kind, das die Maus spielt, einen Kern vom Teller holen. Schwieriger wird's, wenn Sie ganz ähnliche Wörter sagen, zum Beispiel „poops, püüps, kieks, tieks, piep", denn dann muss Ihr Kind sehr hellhörig sein.

Tipp: Die Kerne nicht gleich aufessen lassen, sondern nachher ein Kunststück damit ausprobieren, etwa auf die Zunge legen und hin- und herbalancieren – und dann erst aufessen.

Flüstersprache

Man legt Bildkärtchen vom Memoryspiel oder ausgeschnittene Katalogbilder auf dem Tisch aus. Einer flüstert ein Wort. Wenn es der andere erkennt, darf er sich das Bild nehmen.

Gleich oder verschieden?

Eine Übung für Vorschulkinder: Sie sagen zwei Wörter und Ihr Kind soll entscheiden, ob sie gleich oder verschieden klingen. Zum Beispiel: Reiter - Reiter, Reiter - Leiter, Bus - Busch, Nagel - Nadel... Sie können auch ganz ähnlich klingende, aber falsche Wörter in einem Satz verstecken, etwa so: „Mit dem Busch fahren wir in die Stadt" oder „Der Deckel braucht einen Zopf".

Tipp: Gerade die Hör-Spiele eignen sich gut für einen Kindergeburtstag, denn meistens können mehrere Kinder mitspielen. Das Lauschen ist spannend und es sorgt nicht zuletzt eine Weile für Stille.

Spaß mit Dingen und Wörtern

Für alle diese Spiele braucht man kein oder nur wenig Material. Die Spielregeln sind einfach und können je nach Lust und Laune verändert werden. Ob ein Spiel für Ihr Kind passt und ihm gefällt, das finden Sie selbst schnell heraus. Die Altersangaben sind nur ungefähr.

Ab 2 – 3 Jahren

Krabbelkäfer, Schneeflocke, Wind

Krabbeln Sie mit den Fingern über den Körper des Kindes und bleiben Sie irgendwo stehen! Ihr Kind soll das Körperteil nennen: Wo sitzt der Käfer? Oder Sie berühren Ihr Kind mit einem Wattebausch als Schneeflocke, mit einer Feder oder einem Blatt oder Sie hauchen es an wie der Wind.

Handsalat

Ein Uralt-Spiel: Abwechselnd legen die Mitspieler ihre Hände aufeinander. Dann wird die unterste Hand herausgezogen und wieder obendrauf gelegt – immer schneller, solange bis der Händeturm einstürzt und es einen Handsalat gibt, wenn alle durcheinanderpatschen. Zum Sprechen kann man das Spiel nutzen, wenn bei jeder Handbewegung nacheinander ein Wort oder eine Silbe gesprochen

wird: „Pitsch – patsch – pitsch – patsch..." oder „Mi – mo – miau..." oder selbsterfundene Zauberwörter wie „Brulle – wulle – wups..." oder auch „Hix – hax – hex", wenn mit den Händen ein Hexenturm gebaut wird.

Daumenturm

Jeder macht eine Faust und streckt den Daumen nach oben, so dass sich der nächste daran festhalten kann. Dazu wird eine Geschichte erzählt, zum Beispiel: „Ein Daumen, zwei Daumen... setzen sich ins Karussell, und das fährt ganz schnell – rundherum!" Am Schluss bewegt sich der Daumenturm dabei rundherum.

Kuh – muh!

Das Kind wird mit einem Zauberspruch erst mal in ein Tier verwandelt, etwa so: „Hokuspokus huu, eine Kuh bist du!" Dann versteckt sich das Kind, ahmt leise die Tierstimme nach und Sie müssen suchen. In der nächsten Runde werden die Rollen vertauscht.

Tierversteck

Sammeln Sie alle möglichen Spielzeugtiere! Man kann damit vieles anstellen, zum Beispiel: Einer ahmt eine Tierstimme nach, der andere soll das richtige Tier aus dem Stall holen. Oder: Die Tiere verstecken und das Versteck erraten (Unter dem Sofa? Auf dem Schrank? Hinter dem Vorhang?...) Man kann die Tiere auch erzählen lassen, wo sie wohnen, was sie am liebsten fressen und wer ihre Freunde sind.

Schatzsuche

Im Sand, in einer Schüssel voller Erbsen, Reis, Erde oder Blätter werden kleine Schätze versteckt: eine Spielfigur, eine Murmel, ein Stein oder ähnliches. Ihr Kind soll den Schatz mit verbundenen Augen ausgraben und sagen, was es gefunden hat.

Alles doppelt!

Legen Sie immer zwei gleiche Dinge in ein Säckchen oder unter eine Decke: zwei Löffel, zwei Stifte, zwei Eierbecher... Ihr Kind soll mit beiden Händen tasten und die Dinge benennen („Ich hab zwei Löffel"), noch bevor es die Sachen herausholt.

Experimente

Mit zwei Jahren und schon vorher lieben Kinder das Hineinstecken, Durchschieben, Auf- und Zumachen. Man kann deshalb richtige Experimente anbieten und zum Beispiel ausprobieren, welche Dinge in eine Flasche gesteckt werden können, was durch eine Pappröhre geht, welcher Deckel zu welchem Topf oder zu welcher Schachtel gehört, welcher Verschluss zu welchem Glas passt, was schwimmt und was untergeht. Das bietet Sprache in Hülle und Fülle an, wenn man immer vorher vermutet: Passt die Kugel rein? Oder ist sie zu groß? Ich glaube, sie geht nicht durch...

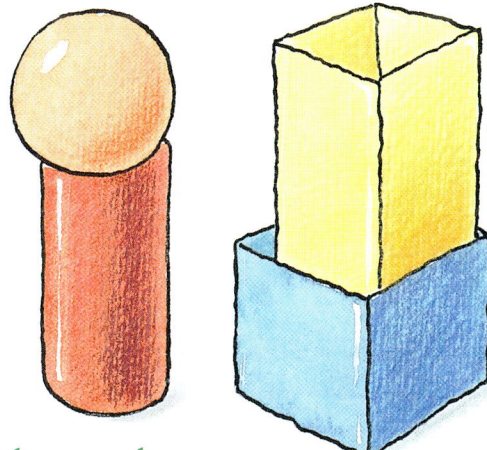

Becherversteck

Mehrere kleine Dinge (Würfel, Knopf, Fingerhut...) werden unter umgedrehten Bechern versteckt. Man kann die Becher stehenlassen – so ist es leichter – oder auch verschieben, bevor das Kind raten muss: „Unter dem Becher ist..."

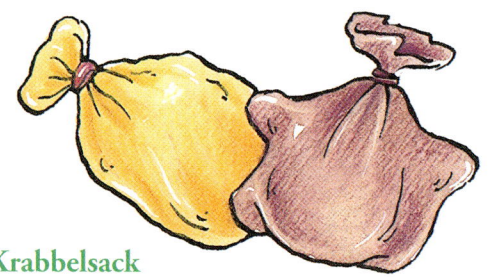

Krabbelsack

Verschiedene Dinge werden in einem Säckchen versteckt und das Kind muss durch Tasten die Sachen nach und nach herausfinden. Sie können auch eine Aufgabe stellen: „Hol etwas heraus, das rund ist!" oder „Suche etwas, das aus Holz ist!" Oder andersherum: Einer ertastet ein Ding im Sack, beschreibt es und der andere muss raten, was es sein könnte.

Zugedeckt

Sie suchen mehrere Gegenstände zusammen und benennen und beschreiben Sie mit Ihrem Kind. Dann legen Sie die Dinge auf den Tisch und decken sie mit einem dünnen Tuch zu. Ihr Kind soll am Umriss oder durch vorsichtiges Fühlen die Gegenstände erkennen.

Pinke, panke, welche Hand?

Sie verstecken in einer Hand eine Murmel, eine Nuss oder Ähnliches, machen zwei Fäuste und legen die Fäuste abwechselnd aufeinander. Dabei sprechen Sie: „Pinke, panke, welche Hand, oben oder unten?" Ihr Kind muss sich am Schluss entscheiden: „oben" oder „unten"?

Ab 3 – 4 Jahren

Neben, vor, hinter ...

Drei oder mehr Dinge werden so im Zimmer versteckt, dass sie noch sichtbar sind. Ihr Kind darf herumgehen und schauen und soll sich alle Verstecke merken. Ohne hinzusehen, soll es am Schluss alle aufzählen. „Das Auto steht neben dem Schrank in der Ecke, der Löffel liegt hinter der Vase..."

Blinder Spaziergang

Sie führen Ihr Kind mit verbundenen Augen durchs Zimmer, durch die Wohnung oder durch den Garten. Erkennt es die Richtung? Es soll nämlich anschließend den Weg genau beschreiben, den Sie mit ihm gegangen sind.

Richtig und falsch

Einer sagt etwas über sich, über die Mitspieler oder über den Raum, zum Beispiel: „Ich sitze auf dem Stuhl" oder „Papa hat einen Propeller auf dem Kopf". Die anderen müssen so schnell wie möglich „richtig" oder „falsch" sagen. Je unsinniger die Sätze sind, desto witziger finden es Kinder.

Es fliegt, es fliegt ...

Alle trommeln mit den Zeigefingern an die Tischkante. Einer spricht „Es fliegt, es fliegt... ein Vogel" – und reißt die Arme hoch. Das tut er auch bei „Es fliegt, es fliegt... ein Elefant." Die Mitspieler dürfen sich durch ihn nicht irreführen lassen, denn wenn er etwas nennt, das nicht fliegen kann, müssen sie weitertrommeln. Wer einen Fehler macht, muss ein Pfand abgeben.

Spaßvogel oder Quatschkasperl

Eine witzige Spielfigur wie ein Spaßvogel oder ein Quatschkasperl eignet sich am besten für Unsinn-Spiele. Der Spaßvogel sagt immer Falsches dazwischen und Ihr Kind muss ihm erklären, was stimmt und was nicht.

Pantomime

Einer macht pantomimisch eine Tätigkeit vor: malen, kehren, Kartoffeln schälen, den Tisch decken... Der andere soll es erraten, also das Tätigkeitswort dafür sagen.

Flaschendrehen

Bilder von einem Spiel oder aus Zeitschriften oder Postkarten werden im Kreis ausgelegt. Nacheinander dreht jeder die Flasche in der Mitte und sagt etwas über das Bild, auf das der Flaschenhals zeigt. (einfache Sätze wie „Die Tomate ist rot" oder „Die Kuh hat Hörner") Das Bild darf er dann behalten. Wer sammelt am meisten?

Knopfschnipsen

Man braucht eine große Bilderseite aus einem Buch oder einem Katalog und für jeden Mitspieler gleich viel flache Knöpfe. Mit

einem Knopf wird immer ein anderer wegge-
schnipst, so dass er möglichst auf dem Bild
landet. „Kni-Kna-Knopf" oder „Klick-klick-
klack" kann man dabei sprechen. Das Kind
muss die Stelle des Bildes beschreiben, wo der
Knopf liegt, dann darf es
ihn behalten.

Dreiecksbilder

Bilder oder Postkarten werden diagonal in
zwei Dreiecke zerschnitten. Die eine Hälfte
der Dreiecke wird umgedreht zum Beispiel in
der Küche ausgelegt, die andere im Wohn-
zimmer. Die Spielregel: Einer deckt ein Drei-
eck auf, sagt, was es sein könnte
und sucht im anderen
Zimmer die passende
Hälfte dazu.

Ab 4 – 5 Jahren

Blindenführer

Einer hat die Augen verbunden, der andere
gibt ihm einen Weg mit Hindernissen zu
einem bestimmten Ziel an, etwa so: „Drei
Schritte geradeaus, ein Schritt nach rechts,
Achtung, jetzt musst du über einen Stuhl stei-
gen..." Am Ende des Weges sollte natürlich
eine Belohnung liegen.

FrageRätsel

Einer denkt sich ein Tier aus oder zieht ein
Tierbild, die anderen sollen es durch Fragen
erraten: Hat es vier Beine? Hat es einen
Schnabel? Hat es ein Fell? Frisst es Fleisch?
Das erhöht den Reiz: Bei jeder Nein-Antwort
darf sich der Gefragte einen Spielstein oder
eine Nuss nehmen.

Der Wörterfresser

Der Wörterfresser verschluckt mit einem
„Hups" immer ein Wort im Satz, zum Beispiel: „Heute morgen habe ich eine Tasse –

hups – getrunken" oder „Wenn die Ampel – hups – ist, muss man stehenbleiben." Ihr Kind soll das verschluckte Wort möglichst schnell aus dem Bauch des Wörterfressers – es kann eine Handpuppe sein – holen.

Herr Blau

Das Spielprinzip: Es wird immer ein Wort vereinbart, auf das die Kinder reagieren müssen, zum Beispiel sollen sie sich einen Spielstein aus der Mitte holen, so oft sie das Wort hören. Man kann etwa eine Geschichte mit dem Stichwort „blau" vom Herrn Blau erzählen, der bei blauem Himmel spazierengeht, an einem blauen Haus vorbeikommt und sich ein blaues Fahrrad kaufen will...

Was ist kleiner?

Ein Denk- und Sprachspiel für mehrere Kinder. Einer fragt zum Beispiel: „Was ist kleiner als eine Schnecke?" Wer als erster eine richtige Anwort sagt, darf weiterfragen – oder

er bekommt einen Antwortpunkt. Die Fragerunde kann auch heißen „Was ist größer als...?" oder andere Themen haben, etwa „Wozu braucht man... (eine Schere, einen Kran...) oder „Was gehört zu... (einem Haus, einem Auto...)

Verbotene Wörter

Es wird ein Wort vereinbart, das keiner sagen darf, zum Beispiel „ja" oder „nein" oder „machen". Dann stellt einer Fragen – etwa „Was hast du gestern gemacht?" – und der andere muss antworten, darf aber das verbotene Wort nie in den Mund nehmen.

Geschichten erfinden

Alles mögliche kann der Anlass für eine Geschichte sein: ein Blatt, das vom Baum fällt, ein Stein auf dem Weg oder eine Muschel am Strand... Überlegen Sie zusammen mit Ihrem Kind, was die Dinge erlebt haben könnten. Je witziger und verrückter, desto schöner!

Klatschen und patschen, singen und springen

Es kommt Bewegung in die Sprachentwicklung, wenn Kinder den Rhythmus und den Klang der Sprache erfassen und Wörter und Sätze gliedern können. Die seit Generationen bekannten alten Klatsch- und Hüpfspiele, Abzählverse, Laufspiele und Lieder sind so wirksam, weil sie Sprache und Bewegung verbinden. Besonders hilfreich sind sie außerdem, wenn ein Kind sehr verwaschen und nuschelig oder ohne Punkt und Komma wie ein Schnellzug spricht.

Klatsch-Patsch-Echo

Einer gibt eine Folge vor, zum Beispiel: einmal klatschen, zweimal patschen (auf die Oberschenkel klatschen), einmal mit den Fingern schnipsen. Der andere ist das Echo, soll die Körpermusik also genau nachmachen.

Lange und kurze Namen

Flo-ri-an, Kai, Ka-tha-ri-na... Wie oft kannst du klatschen?

Ab etwa vier Jahren können Kinder ganz bewusst auf diese Weise Wörter in Silben gliedern und diese zählen. Das ist eine Fähigkeit, die später auch beim Rechtschreiben gefordert ist. Man kann die Silben auch gehen oder hüpfen, Bauklötze oder Steinchen für die Silben legen oder Bilder aus dem Memory-Spiel nach der Wortlänge sortieren: alle einsilbigen etwa zur Maus, alle zweisilbigen zum Nas-horn und alle dreisilbigen zum Kro-ko-dil.

Für noch ganz konkret denkende Vier- und Fünfjährige ist es übrigens gar nicht selbstverständlich, dass das Wort für die große „Kuh" viel kürzer ist als das lange Wort für den kleinen „Marienkäfer".

Hüpfspiele

Für Hüpf- oder Hinkespiele wie „Himmel und Hölle" braucht man nur Straßenkreide, um eine Bahn oder ein Schneckenhaus mit Feldern aufzumalen, und einen passenden Vers dazu. Zum Beispiel:

„Eins, zwei, drei, wer geht vorbei –
vier, fünf, sechs, es ist die Hex" oder
„Schni-Schna-Schneck kriecht in den Dreck,
kriecht wieder raus und rein ins Haus".

Viele altbekannte Spielregeln kann man dabei anwenden: ein Steinchen in ein Feld legen, beim Hinweg überspringen und beim Rückweg mitnehmen oder auf verschiedene Arten hüpfen, mit zwei Beinen, mit einem Bein, mit gekreuzten Beinen, mit geschlossenen Augen oder mit einem Steinchen auf dem Handrücken.

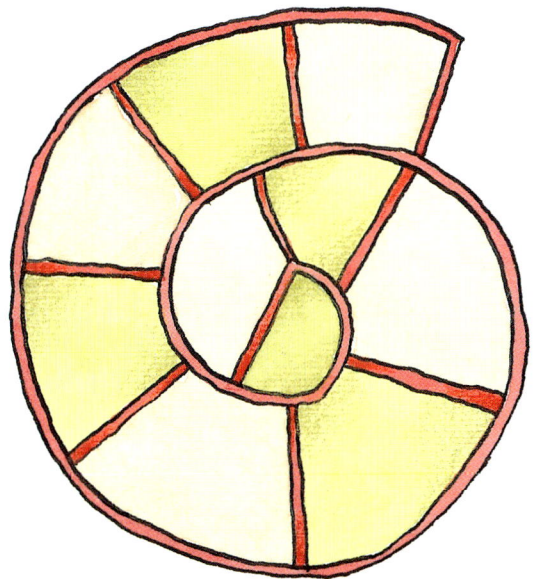

Kaiser, wie weit darf ich reisen?

Ein uraltes Straßenspiel, bei dem Kinder nebenbei die Silbengliederung lernen. Der „Kaiser" steht an einer Wand, die anderen stehen gut zehn Meter von ihm entfernt in einer Reihe. Einer fragt: „Kaiser, wie weit darf ich reisen?" und der Kaiser nennt ein Land oder eine Stadt: „A-me-ri-ka", „Ulm", „Ta-ka-tu-ka-land"... So viele Silben wie der Name hat, so viele Schritte darf das Kind auf den Kaiser zugehen. Wer zuerst ankommt, der ist der nächste Kaiser.

Eine Spielvariante: „Mama, was gibt es zum Essen?" Dann nennt das Kind an der Wand Gerichte: Brat-kar-tof-feln, Brot oder Semmel-knö-del...

Handklappverse

„Beim Müller hat's gebrannt-brannt-brannt,
da sind wir hingerannt-rannt-rannt.
Da kam ein Polizist-zist-zist,
der schrieb uns auf die List-List-List.
Die List fiel in den Dreck-Dreck-Dreck,
da war mein Name weg-weg-weg."

Zwei Kinder stehen sich gegenüber und klatschen nach dem Muster: immer einmal in die eigenen Hände, dann mit beiden Händen gegeneinander und bei der Wiederholung dreimal gegeneinander.

Handklappverse wie dieses alte Beispiel gehören zum besten, was uns unsere Großmütter für die Sprachförderung überliefert haben. Mann kann ganz einfache Verse selbst erfinden, zum Beispiel:

„Pitsch und patsch,
wer läuft im Matsch?
Es ist die Maus,
jetzt rutscht sie aus!"

Es wird zuerst gegeneinander geklatscht. Bei „aus" rutschen die gegeneinander gehaltenen Hände aus.

Auszählverse

Genau, deutlich und gegliedert sprechen – das verlangen vor allem die Auszählverse. Es gibt jede Menge davon, genausogut kann man aber selbst witzige Reime mit Fantasiewörtern erfinden.

Ene, dene, dubladene,
dubladene dalia.
Ebbe, bebbe, bambio,
bio, bio, buff!

Oki doki,
hoki poki,
Fuzzimaus
und du bist raus.

Merken und sich erinnern

Das Gedächtnis spielt bei den sprachlichen Fähigkeiten eine große Rolle. Alle Spiele, Aufgaben und Gespräche, bei denen es ums Merken und Erinnern geht, sind deshalb wertvoll fürs sprachliche Lernen – und fördern außerdem die Konzentration. Eine Menge von Gelegenheiten zum Gedächtnistraining gibt es im Alltag.

Kuchen backen

Zählen Sie alle Zutaten auf, wenn Sie mit Ihrem Kind Kuchen backen! Es darf Ihnen helfen, das Ganze zu merken und herzurichten.

Immer wenn Ihr Kind Ihnen etwas bringen oder helfen kann, ist das auch eine gute Übung fürs Gedächtnis. Zum Beispiel beim Tischdecken: „Hole bitte eine Flasche Apfelsaft, vier Gläser und vier kleine Kuchenteller!" Oder wenn die Badetasche gepackt wird: „Wir brauchen die Sonnencreme, den Geldbeutel, ein großes und zwei kleine Handtücher..."

Einkaufszettel

Sie können beim Kaufladenspiel einen Einkaufszettel malen (statt schreiben). Ihr Kind soll sich alles merken und „einkaufen". Dann wird verglichen, ob es auch nichts vergessen hat.

Genausogut können Sie beim richtigen Einkaufen im Supermarkt Ihrem Kind auftragen, drei oder vier Dinge, die Sie brauchen, aus einem Regal zu holen.

Kaufhaus Allerlei

Ihr Kind ist der Verkäufer und Sie spielen einen verwöhnten Kunden, der im „Kaufhaus Allerlei" die unmöglichsten Dinge haben will. Zum Beispiel: „Ich hätte gerne eine Pinzette, ein gelbes Handtuch, eine Tube Klebstoff, eine Schuhbürste und eine Zange". Am Schluss muss natürlich alles wieder an den richtigen Platz geräumt werden.

Der Tag im Rückblick

Lassen Sie vor dem Schlafengehen den Tag noch einmal Revue passieren! Ihr Kind soll sich gemeinsam mit Ihnen an alles erinnern, was es von früh bis spät gemacht hat – und zwar möglichst in der richtigen Reihenfolge.

Die Spieluhr

Legen Sie mit Ihrem Kind mehrere Dinge zum Beispiel unters Kopfkissen und zählen Sie alles mehrmals auf. Dann ziehen Sie eine Spieluhr auf und erst wenn sie abgelaufen ist, soll Ihr Kind wiederholen, was alles unter dem Kissen versteckt ist.

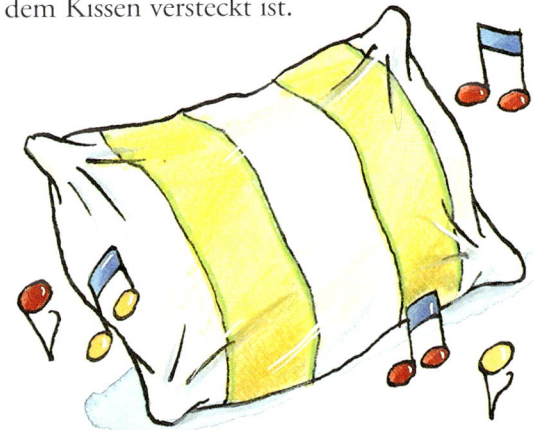

Versteckte Süßigkeiten

Wenn Ihr Kind was Süßes will, können Sie das gleich mit einem Gedächtnisspiel verbinden. Es muss sich nämlich die Verstecke merken, die Sie ihm sagen, etwa: „Ein Ding liegt in der Besteckschublade, eins auf dem Fensterbrett, eins im Regal hinter der großen Dose, eins neben dem Obstteller."

Geheimbotschaft

Sie verstecken oder vergraben etwas und Ihr Kind ist der Schatzsucher. Dabei beschreiben Sie ihm den Weg. Sie können auch so tun, als ob Sie ihm den Weg wie eine Geheimbotschaft von einem Zettel vorlesen. Zum Beispiel beim Schatzspiel im Park: „Gehe zuerst zu dem Baum mit dem dicken Stamm, dann gehe drei Schritte geradeaus weiter, dann gehe nach rechts bis zum ersten Busch!"

Der Allesfresser

Man schneidet in einen ausrangierten Tennisball – oder in einen größeren alten Ball – ein Maul hinein und klebt oder malt große Augen auf. Dieser hungrige „Allesfresser" wird mit kleinen Dingen oder Bildkärtchen gefüttert und am Schluss gefragt: „Was hast du alles in deinem Bauch?" Wenn Ihr Kind sich alles gemerkt hat, darf es in der nächsten Runde den Allesfresser füttern und Sie sind mit dem Merken dran.

Wörter merken

Mit vier Jahren sollte sich ein Kind drei bis vier Wörter in der richtigen Reihenfolge merken können. Legen Sie zum Beispiel drei Bilder (Memory-Kärtchen) in eine Reihe und benennen Sie die Bilder mehrmals mit Ihrem Kind – immer von links nach rechts, denn so trainieren Sie gleich die Leserichtung. Dann drehen Sie die Kärtchen um und Ihr Kind soll – wieder von links nach rechts – die Wörter sagen und eins nach dem anderen aufdecken. Tauschen Sie die Rollen, dann merken Sie, dass dieses Gedächtnisspiel gar nicht so einfach ist!

Fehlerteufel

Erzählen Sie eine Geschichte, ein Märchen oder ein Bilderbuch, das Ihr Kind schon gut kennt! Aber Sie spielen dabei den Fehlerteufel und bauen immer wieder falsche Dinge ein. Ihr Kind bekommt für jedes Mal, wenn es den Fehlerteufel erwischt, zum Beispiel einen Knopf oder eine Nuss als Wissenspunkt.

Sprechen und zeichnen

Sprechen und dazu zeichnen – das verbindet Sprache mit der Form und mit der Bewegung und bringt sie auf diese Weise in Schwung. Das Sprechzeichnen fördert das Rhythmus-, das Form- und das Körpergefühl, den Bewegungsablauf von Hand und Arm und es vertieft die Atmung und den Sprechfluss. Deshalb ist es eine gute Stütze nicht nur für unruhige, schnell sprechende Kinder, sondern auch für Kinder, die sich oft verhaspeln, steckenbleiben oder stottern. Man sollte übrigens nicht nur mit der bevorzugten, sondern auch mit der anderen Hand oder mit beiden Händen zeichnen.

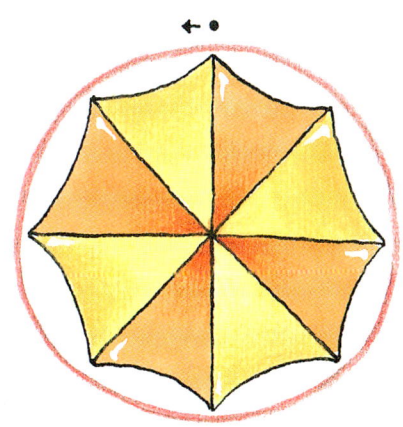

Das Karussell, das fährt ganz schnell
im Kreis herum, dann dreht es um.
oben nach links anfangen,
am Ende des Verses die Richtung wechseln

Ich schaukel hin, ich schaukel her,
schaukeln das ist gar nicht schwer.

Die kleine Schnecke kriecht heraus
aus ihrem kleinen Schneckenhaus!
Spirale von innen nach außen zeichnen
Ist sie müde, kriecht sie rein
und schläft in ihrem Hause ein.
Spirale von außen nach innen zeichnen

Der Hund macht wau,
die Katz miau,
der Bär macht brumm,
der Fisch ist stumm.
jede Verszeile ergibt
einmal den Fisch

Das Krokodil, das frisst ganz viel,
die Zacken von links nach rechts zeichnen
es frisst sogar ein Eis am Stiel.
wieder von vorn links anfangen

Hermann Hase sitzt im Grase,
wartet auf die Hasenfrau
und diese heißt Hermine Grau.

Eine kleine Dickmadam
fuhr mal mit der Eisenbahn,
Eisenbahn, die krachte,
Dickmadam, die lachte.
pro Zeile ein Rechteck
als Waggon zeichnen

Eine kleine Miezekatze
wetzte ihre scharfe Tatze,
kratzte mit den scharfen Krallen,
das hat Bello nicht gefallen.

Punkt, Punkt, Komma, Strich,
rundherum das Angesicht,
mit zwei langen Ohren
ist der Mensch geboren.
Hals wie eine Flasche,
Bauch wie eine Tasche,
Hände wie zwei Besen,
Füße sind's gewesen,
Hut wie eine Butter,
fertig ist die Schwiegermutter.

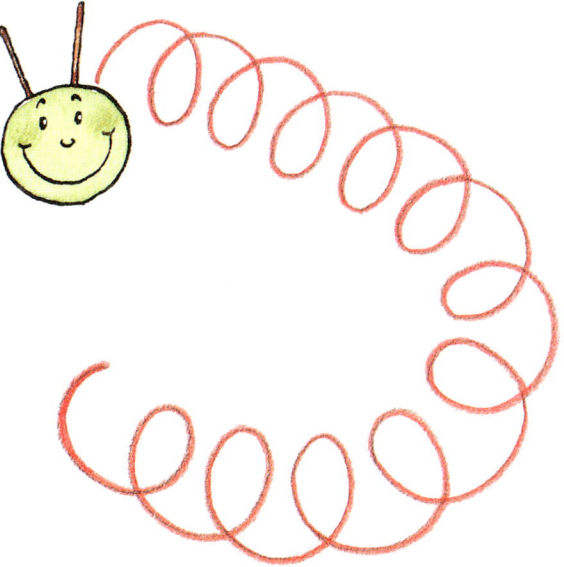

Die Raupe, die frisst Blatt für Blatt,
und wenn sie zehn gefressen hat,
dann ist sie immer noch nicht satt.

Kri, Kra, Kreuzfuß,
Gäns' gehn barfuß.

Gereimter Quatsch

Zur sinnvollsten Sprachförderung gehört der Unsinn! Durch Quatschverse, Sprachspielereien oder Lügengeschichten erleben Kinder Spaß mit der Sprache und Lust am Verändern und Erfinden. Das ist das A und O beim Sprechenlernen!

Hier sind Beispiele von alten und neuen Spaßreimen, bei denen Ihr Kind allmählich die Reimwörter selbst ergänzen kann.

Es war einmal ein Mann,
der hatte einen Schwamm,
der Schwamm war ihm zu nass,
da ging er auf die Gass',
die Gass war ihm zu kalt,
da ging er in den Wald,
der Wald war ihm zu grün,
da ging er nach Berlin,
Berlin war ihm zu groß,
da macht er in die Hos',
die Hos' wurd ihm zu klein,
da ging er wieder heim.

Lachverse

Auf dem Berge Sinai
wohnt der Schneider Kikeriki.
Seine Frau, die Grete,
saß auf dem Balkon und nähte.
Fiel herab, fiel herab
und das linke Bein brach ab.
Kam der Doktor Hampelmann,
klebt das Bein mit Spucke an.

Ach wär ich doch ein Gummibär!
Ich hätt's im Leben gar nicht schwer.
Ich säß' in einer Tüte.
Doch oh! Du meine Güte!
Wenn einer käm' und hungrig wär
auf Süßes wie 'nen Gummibär,
dann müsst' ich mich verstecken
in allen Tütenecken.
Und wenn er mich dann fände,
dann wär's mit mir zu ...?

Dies Haus, das hast du nie gesehn,
es könnt im Unsinnlande stehn.
Die Küche ist ein Ziegenstall,
im Flur, da rauscht ein Wasser ...?
Ein Teppich hängt dort an der Decke,
ein Birnbaum wächst in jeder ...?
Im Badezimmer steht das Bett,
die Wanne wird geschrubbt mit ...?
Im Kühlschrank wird das Fleisch gebraten,
und auf dem Sofa – kannst du's erraten?
Liegt ein blaugescheckter Stier,
der liest Zeitung und sagt: „Ich wohne ...?"

Für Könner: Zungenbrecher

Schneiders kleine Schere
schneidet scharf,
schärfer schneidet Schneiders
große Schere.

Blaue Blumen haben blaue Blüten,
aber keine blauen Blätter.
Keine blauen Blätter,
aber blaue Blüten haben blaue Blumen.

Drei grüne Grashüpfer
springen über dreiunddreißig
grüne Grasbüschel.

Eine Fliege flog in eine Apfelsaftflasche
Und aus der Apfelsaftflasche
in die Apfelsafttasse.
Die Fliege in der Apfelsafttasse
schluckte Apfelsaft
Und schmatzte: „Schmeckt klasse!"

Zwischen zwei Zwergziegen
standen zwei Ziegenböcke.
Zwischen zwei Ziegenböcken
standen zwei Zwerge.
Die Zwerge zwickten die Ziegenböcke.
Die Ziegenböcke zwickten die Zwergziegen.
Die Zwergziegen zwickten eine Maus
Und die Zwickgeschichte ist aus.

Sprachprobleme – Hilfen

Auf den Mund gefallen?
Wenn das Sprechen Probleme macht

**Es muss
nicht alles
nach Plan
verlaufen,
aber frühzeitige
Beratung
ist bei
Problemen
wichtig.**

„Heute Dasper Tindedaten war", sagt der vierjährige Stefan. „Heute war Kasperltheater im Kindergarten, das war richtig spannend!", erzählt die gleichaltrige Kathrin. Stefan ist sicherlich nicht „auf den Mund gefallen", aber seine Sprachentwicklung ist stark verzögert, während sich Kathrin für ihr Alter gut ausdrücken kann.

Ob ein Kind eine Sprachstörung hat, entscheidet vor allem das Alter. Vertauschte Laute und verdrehte Sätze sind für Zwei- und Dreijährige ganz normal, bis etwa zum vierten Geburtstag aber sollten die meisten dieser Fehler überwunden sein. Der Sprachentwicklungskalender im 1. Kapitel liefert ungefähre Anhaltspunkte. Dabei muss nicht alles nach Plan verlaufen. Manche Kinder sind tatsächlich „Spätzünder" in der Sprache und dafür körperlich geschickter als andere. All die anderen Fähigkeiten eines Kindes und sein Temperament müssen außerdem im Blick sein; es gibt Quasseltüten und eher schweigsame Typen, jedes Kind hat andere Stärken und Schwächen. Dennoch ist es wichtig, sich bei Sprachproblemen frühzeitig um Beratung und fachliche Hilfe zu kümmern. Logopäden und Sprachtherapeuten können den Stand der Sprachentwicklung einschätzen und entscheiden, ob man zuwarten kann oder ob ein Kind rasche Betreuung braucht.

Die häufigsten Sprachprobleme und „Erste Hilfen" werden im folgenden beschrieben. In den „Spiel-Ideen zum Sprechenlernen" im vorangegangenen Teil des Buches finden Sie außerdem eine Menge von hilfreichen Anregungen.

„Das Tododil fisst den Fis"

 Haben Sie verstanden, dass das Krokodil den Fisch frisst?

Stammeln oder Dyslalie ist der Fachbegriff für eine Störung der Artikulation. Ein Kind kann dann einzelne Laute nicht sprechen, es spricht sie falsch („Tododil" statt Krokodil), es lässt sie aus („fisst" statt frisst), spricht sie falsch oder ersetzt sie durch andere („Fis" statt Fisch). Die Laute k und g, r und sch sind besonders schwierig zu bilden und werden deshalb häufig ersetzt. Auch Lautverbindungen bereiten Kindern oft Probleme („Bume" statt Blume, „lase" statt Flasche, „necke" statt Schnecke oder „nof" statt Knopf).

Mit etwa vier Jahren sollte Ihr Kind fast alle Laute beherrschen, so dass seine Sprache verständlich ist.

Was tun?

Bei stammelnden Kindern liegt immer der Verdacht nahe, dass sie nicht ganz gut hören und deshalb die feinen Lautunterschiede nicht erkennen – obwohl das im Alltag überhaupt nicht auffällt. Erste Hilfe: Eine Hörprüfung beim Kinderarzt oder HNO-Arzt. Mögliche Ursache für das Stammeln können auch ein schlechtes Gespür und wenig Geschicklichkeit im Mundraum sein.

Ein Kind, das mit drei oder vier Jahren durch viele Stammelfehler schlecht verständlich spricht, sollte in jedem Fall einer Logopädin oder Sprachtherapeutin vorgestellt werden. Sie kann klären, ob andere Ursachen vorliegen und wie das Kind gefördert werden kann.

Hör-Spiele und Mundturnen (in den „Spiel-Ideen zum Sprechenlernen" auf den Seiten 35–61) sind grundlegende Übungen für die Artikulation und für stammelnde Kinder sehr hilfreich.

**Der erste Schritt:
Das Gehör
kontrollieren!**

Sonderfall: Lispeln

 Viele Kinder lispeln, das heißt sie bilden das „s" mit der Zunge zwischen den Zähnen. Das klingt bei den ganz Kleinen vielleicht noch niedlich, spätestens bei Schulkindern aber nicht mehr. Zudem kann die falsche Lautbildung die Entwicklung der Zähne und des Kiefers behindern. Verbunden mit dem Lispeln ist oft ein falsches Schluckmuster: Die Zunge liegt dann zu weit vorne und drückt beim Schlucken gegen die Zähne. Manche Kinder fallen zudem durch einen ständig offenstehenden Mund auf. Sie atmen durch den Mund statt durch die Nase und das bewirkt wiederum, dass sie anfälliger sind für Infektionen.

Was tun?

So schnell wie möglich: Schnuller ade!

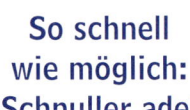

In vielen Fällen ist die Ursache für die falsche Zungenlage rasch gefunden: Das Kind hat lange den Schnuller genommen oder am Daumen gelutscht, so dass sich die Zunge an die Nuckelstellung gewöhnt hat. Eine Sprachtherapie ist nötig, damit das Kind die richtige Lautbildung oder das richtige Schlucken lernt und damit sich Kiefer und Zähne gut entwickeln können. Die Nasenatmung kann auch durch Wucherungen in der Nase behindert sein. Eine Kontrolle beim HNO-Arzt ist deshalb immer anzuraten.

„Du nächste drankommen"

 Dysgrammatismus – so nennt man es, wenn ein Kind die Wörter im Satz nicht auf die Reihe bringen und die Formen und Endungen nicht bilden kann. Die Sätze klingen dann für unsere Ohren merkwür-

dig ausländisch: „Wo du hingehn?" - „Ich des puttmach" - „Große Laster da Garage" – „Der Mann mir des gegebt hat"...
Im Laufe der frühen Sprachentwicklung sind solche Äußerungen mit falscher Wortstellung und vielen Auslassungen ganz normal, doch mit etwa vier Jahren sollte ein Kind die Grammatik größtenteils beherrschen – bis auf Unsicherheiten bei Nebensätzen oder bei Vergangenheitsformen wie „gegeht".

Was tun?

Über die Ursachen herrscht auch unter Sprachwissenschaftlern noch keine Gewissheit. Dysgrammatisch sprechende Kinder jedenfalls brauchen viel sprachliche Anregung und ein gezieltes Sprachangebot, so dass sie die Regeln allmählich richtig erkennen und anwenden können. Deshalb ist eine Sprachtherapie notwendig.
Was Eltern nicht tun sollten: Das Kind korrigieren, nachsprechen lassen oder gar tadeln und auf die Fehler aufmerksam machen.
Wie Eltern dagegen helfen können:
Den fehlerhaften Satz wie beiläufig im Gespräch richtig wiederholen oder ausbauen, zum Beispiel so:

Nicht korrigieren, sondern wiederholen und in den eigenen Satz die richtige Form einbauen!

„Selber mache"	*„Du willst das selber machen?"*
„Turm umfall"	*„Der Turm fällt um."*
„Hier auch Bär"	*„Genau, hier ist auch ein Bär."*
„Da Laster kommen"	*„Ja, da kommt ein Laster."*
„Nicht Toffel haben"	*„Ach, du magst keine Kartoffeln."*
„Ich böse der mir gehaut hat"	*„Du bist böse, weil der dich gehaut hat?"*
„Ich hab ein große Hund gesehn."	*„Einen großen Hund? Wo hast du ihn gesehn? Wie groß war er denn?"*

Dingsda, das da, so was

Wenn einem Kind die Worte fehlen, dann steht es oft regelrecht „auf dem Schlauch". Es hilft sich weiter mit Ersatzwörtern wie „das da", „so was" oder „Dings", aber es kann sich nicht ausdrücken wie andere. Ein Kennzeichen dieser Wortschatzprobleme ist oft auch, dass ein Kind ähnliche Dinge nicht unterscheidet: Es sagt „Ball" zum Ball und zum Würfel, „Hammer" zur Zange und zum Schraubenzieher, „Bagger" zum Kran oder es verwechselt Gabel und Löffel, Apfel und Birne oder kennt nicht den Unterschied zwischen hart und rau, klettern und kriechen. Ein schlechtes Sprachverständnis kann damit verbunden sein. Ein Kind versteht dann Aufträge nicht genau (zum Beispiel: „Hol mir bitte aus der obersten Schublade einen Kaffeelöffel!"), es antwortet auf Fragen nicht richtig oder es erfasst den Sinn und die Reihenfolge von Geschichten nicht gut. Was häufig dazukommt: Das Kind kann sich kleine Verse und Lieder nicht merken.

Was tun?

Lücken im Wortschatz und Schwächen im Sprachverständnis erschweren das Lernen.

Bei Problemen mit dem Wortschatz oder dem Sprachverständnis sind viele Ursachen möglich. Ein Kind kann zu wenig Spiel- und Spracherfahrungen haben, so dass es die Wörter einfach nicht kennt. Es kann am Gehör, an der Konzentration oder am Gedächtnis liegen, wenn es sich Wörter nicht merken kann. Ebenso könnte es sein, dass ein Kind spezielle Schwächen in der Sprachverarbeitung hat.

Wortschatz und Sprachverständnis sind enorm wichtig fürs Lernen. Deshalb sollten Sie unbedingt fachliche Hilfe suchen, wenn Sie bei Ihrem Kind Probleme in diesen Bereichen bemerken.

Viele hilfreiche Spielmöglichkeiten finden Sie auf den Seiten

„Spaß mit Dingen und Wörtern" und beim Thema „Merken und sich erinnern". Fingerspiele, Verse und Lieder trainieren zudem die Merkfähigkeit und Rätsel gehören zu den besten Übungen fürs Sprachverständnis.

Das k-k-k-kann ich nnnicht!

 Viele Kinder sprechen im Alter von zweieinhalb, drei oder vier Jahren sehr schnell: Sie verhaspeln sich und wiederholen Silben und Wörter. Die Gedanken eilen dem Mund voraus, so dass die Sprache ins Stolpern kommt. Dieses „Entwicklungsstottern" ist kein Grund zur Panik, es gehört, wie der Name sagt, zur sprachlichen Entwicklung. Aber Vorsicht! Es kann sich zum Stottern ausweiten, wenn die Sprache des Kindes in dieser Phase gebremst und viel kritisiert wird. Das Kind hört sich dann nämlich selbst zu, wird unsicher, will sich anstrengen, verkrampft sich und bleibt tatsächlich stecken. So beginnt ein Teufelskreis.

Das sind Anzeichen des „echten" Stotterns: Ein Kind wiederholt Laute, Silben oder Wortteile sehr oft, es verlängert einzelne Laute (wie „Mmmmami"), es spricht dann plötzlich lauter oder höher oder zwinkert mit den Augen oder es zeigt deutliche Anspannung oder sogar Sprechangst.

Den Unterschied zwischen „Entwicklungs-stottern" und „Stottern", früh-zeitig bemerken.

Was tun?

Für das Entwicklungsstottern wie fürs Stottern gilt: Gutgemeinte Ratschläge wie „Sprich langsamer! Streng dich an! ..." bewirken auf Dauer gar nichts, sondern machen die Sache höchstens schlimmer. Kritisieren Sie Ihr Kind nicht, sondern versuchen Sie ruhig zuzuhören und interessiert nachzufragen, so dass Sie das Gefühl

Kritisieren Sie Ihr Kind nicht! Hören Sie ruhig zu.

**Nicht
wie ein Kind
spricht
ist wichtig,
sondern
was es sagt.**

von Ruhe, Sicherheit und Zeithaben vermitteln. Nicht wie das Kind spricht ist wichtig, sondern was es sagt! Wenn Ihr Kind aufgeregt etwas erzählen will und ins Stottern kommt, helfen oft kleine Gesten: sich zum Kind herunterbeugen, streicheln, es bei der Hand oder auf den Schoß nehmen.

Sind Sie im Zweifel, ob es sich nur um die übliche Stolpersprache oder um Stottern handelt, so suchen Sie auf jeden Fall lieber zu früh als zu spät Rat bei einer Logopädin oder Sprachtherapeutin! Je länger ein Kind stottert, desto schwieriger ist die Behandlung. Wenn man frühzeitig das Problem erkennt, hilft dagegen oft schon eine intensive Elternberatung.

Das Stottern gehört immer noch zu den rätselhaften Störungen der Sprache. Über die Ursachen gibt es viele verschiedene Meinungen und eine Menge von Theorien. Letztlich kommt es immer auf das einzelne Kind an.

Hilfreich für ein stotterndes Kind sind das Singen, Reimesprechen und vor allem das Sprechzeichnen (Seite 57–59).

Im Überblick:
Wann wird es kritisch?

Verfolgen Sie hellhörig die Sprachentwicklung Ihres Kindes! Je rascher Sie auf eine mögliche Störung aufmerksam werden und je früher Ihr Kind Hilfe bekommt, desto größer sind die Chancen zum Aufholen und Ausgleichen einer sprachlichen Schwäche. Auch wenn die Sprachentwicklung nicht nach einem absoluten Zeitplan verläuft, so gibt es dennoch einige kritische Punkte. Sie sollten Hilfe suchen,

◆ wenn sich Ihr Baby mit vier bis fünf Monaten
  nicht nach einem Geräusch umdreht
◆ wenn es mit etwa einem halben Jahr das Lallen einstellt
◆ wenn es mit ca. zwei Jahren noch keine ersten Wörter spricht
◆ wenn es mit etwa zwei Jahren kleine Aufträge nicht versteht
◆ wenn der Mund meist offen steht
  und die Zunge schlaff zwischen den Zähnen hängt
◆ wenn häufig Speichel aus dem Mund läuft
◆ wenn Ihr Kind häufig erkältet ist, Mittelohrentzündungen hat
  und Sie den Verdacht haben, dass es nicht gut hört
◆ wenn Ihr Kind mit zweieinhalb bis drei Jahren
  noch keine Zwei-Wort-Sätze spricht
◆ wenn es im Laufe von vier bis sechs Monaten
  keine Fortschritte in der Sprachentwicklung macht
◆ wenn es im Alter von drei bis dreieinhalb Jahren
  von Fremden nicht verstanden wird
◆ wenn die schnelle Stolpersprache (Entwicklungsstottern)
  länger als ein halbes Jahr anhält
◆ wenn Ihr Kind Laute und Silben wiederholt
  und sich dabei deutlich verspannt
◆ wenn es mit dreieinhalb bis vier Jahren noch Sätze auffallend
  verdreht oder viele Laute noch nicht aussprechen kann
◆ wenn es sich mit vier Jahren kleine Verse und Lieder
  nicht merken kann
◆ wenn es mit vier bis fünf Jahren viele ähnlich klingende Laute
  vertauscht („Tasse" statt Tasche, „Tadsanie" statt Kastanie,
  „Schneggerling" statt Schmetterling, „mochmal" statt
  nochmal, „Ninal" statt Lineal...) oder wenn es bei längeren
  Wörtern oft Silben auslässt („Torad" statt Motorrad
  „Kasperater" statt Kasperltheater, „abakabra" statt
  abrakadabra...) und verwaschen und undeutlich spricht
◆ wenn Ihr Kind ein Jahr vor Schulbeginn
  noch kleinkindhaft, undeutlich oder sehr wenig spricht.

Wo gibt es Hilfe?

Der Kinderarzt oder der HNO-Arzt kann erste Anlaufstelle bei Sprachproblemen sein. Von den Ärzten oder beim Gesundheitsamt erhalten Sie eine Liste der Logopäden und Sprachtherapeuten oder der Frühförder-Einrichtungen in der Nähe Ihres Wohnortes. Eine Vorstellung bei einer Logopädin oder bei einer Beratungsstelle der Frühförderung kann in jedem Fall klären, ob eine Behandlung nötig ist. Die Fachleute informieren Sie auch darüber, welche Überweisungen Sie brauchen und ob die Krankenkasse die Kosten übernimmt. Das ist in der Regel der Fall.

In vielen Bundesländern gibt es – meist angeschlossen an Förderschulen – Schulvorbereitende Einrichtungen, wo sprachauffällige Kinder ab drei Jahren in kleinen Gruppen betreut werden. Besonders wenn die Sprachentwicklung insgesamt verzögert ist, bietet dieser besondere Kindergarten einem Kind gute und intensive Lernhilfen im Rahmen einer Gruppe. An diesen Schulvorbereitenden Einrichtung finden Sie meist auch Beratungsstellen.

Auf jeden Fall: Scheuen Sie sich nicht, Hilfe zu suchen! Nehmen Sie den Rat von Fachleuten an! Es ist nur im Interesse Ihres Kindes. Zusammengefasst: Sie können sich wenden

◆ an Kinderärzte und HNO-Ärzte
◆ an logopädische Praxen
◆ ans Gesundheitsamt oder an die Krankenkasse
◆ an Einrichtungen der Frühförderung (oft an Kliniken), auch unter „Sozialpädiatrisches Zentrum" zu finden
◆ an Beratungsstellen von Förderschulen und Schulvorbereitende Einrichtungen
◆ an pädoaudiologische Beratungsstellen (zur Überprüfung des Gehörs)
◆ bei Stotterproblemen: an die Bundesvereinigung Stotterer-Selbsthilfe, Gereonswall 112, 50670 Köln (dort gibt es nützliche Informationshefte zum Thema)

Wieso? Weshalb? Warum?
Was Eltern häufig fragen

Wenn ein Kind nicht spricht wie andere, machen sich Eltern zunächst große Sorgen. Verständlich! Die Angst, dass sich ihr Kind nicht „normal" entwickeln könnte, der Druck der kommenden Schulzeit, die Reaktionen der anderen, die eigene Unsicherheit – das alles kann schwer auf den Eltern lasten.

Eine Menge von Fragen türmt sich auf. Was Eltern am häufigsten wissen wollen, das soll im folgenden beantwortet werden.

Wer ist schuld?

Die bange Frage kommt oft sehr schnell: Was haben wir falsch gemacht? Aber in kaum einem Fall sind die Eltern wirklich „schuld" – außer wenn sie ihr Kind grob vernachlässigen. Sprachstörungen haben selten einen Grund allein, sondern ein ganzes Bündel von Ursachen spielt meistens mit: von Hör- oder Gedächtnisschwächen oder organischen Faktoren bis zu Problemen in der Wahrnehmung, in der Motorik, in der Verarbeitung von Sinneseindrücken... Jeder Einzelfall kann anders liegen und manchmal bleibt eine Störung tatsächlich unerklärlich. Machen Sie sich also frei von Schuldgefühlen! Ihr Kind hat viel mehr davon, wenn Sie rasch Hilfe suchen und mit den Fachleuten vertrauensvoll zusammenarbeiten.

Ein Bündel von Ursachen spielt meistens mit.

Machen Sie sich frei von Schuldgefühlen.

Ist unser Kind „zurückgeblieben"?

Wenn ein Kind schlecht spricht, ist es noch lange nicht zurückgeblieben oder dümmer als andere. Das wissen Sie als Eltern selbst, denn Sie sehen und beobachten Ihr Kind ja und kennen auch seine Stärken. Die Sprache ist allerdings verknüpft mit der Gesamtentwicklung eines Kindes und alle Fähigkeiten wirken wechselseitig zusammen. Deshalb ist es bei allen Untersuchungen und Überprüfungen wichtig, den allgemeinen Entwicklungsstand einzuschätzen. Es kann auch sein, dass Ihr Kind in mehreren Bereichen Förderung braucht.

Wie wird es mit der Schule?

Sprachprobleme können ein Risiko sein, denn sie können das Lernen erschweren. Auch gut begabte Kinder geraten leicht ins Hintertreffen, wenn sie mündlich nicht so fit sind wie andere. Vor allem beim Lesen und Schreiben sind die sprachlichen Fähigkeiten gefragt. Das bedeutet: Eine frühe Förderung vor dem Schuleintritt ist wichtig. Kümmern Sie sich deshalb rechtzeitig um Hilfe und nicht erst kurz vor Schulbeginn! Dann hat Ihr Kind vorher Zeit zum Lernen und Aufholen. Man muss auch einkalkulieren, dass es in vielen Praxen und Einrichtungen Wartezeiten gibt. Also lieber zu früh als zu spät anmelden!

Wenn ein schulpflichtiges Kind noch starke Sprachprobleme hat, so sollte man auf jeden Fall nach dem besten Weg fürs Kind suchen. Eventuell ist dann eine Zurückstellung sinnvoll oder der Besuch einer Förder- oder Sprachheilschule.

Was passiert in einer Sprachtherapie?

Logopäden, Sprachtherapeuten und Sprachheilpädagogen versuchen immer, mit Kindern möglichst spielerisch zu arbeiten. Mit ganz einfachen Spielen wie Kaufladen und Eisenbahn oder mit speziellem Sprechlernmaterial wird ausprobiert und geübt. Die Stunden sind meist abwechslungsreich, sprechen alle Sinne an und fördern die ganze Entwicklung. Was so einfach aussieht, muss allerdings fundiert, speziell vorbereitet und gezielt auf den einzelnen kleinen Patienten zugeschnitten sein. Häufig gibt es Spiele und Übungen als Hausaufgabe.

Wie lange dauert eine Therapie?

Die Dauer einer Therapie ist selten so ganz genau vorherzusagen, denn zu viele Unwägbarkeiten spielen mit: der Umfang der Sprachstörung, die Bereitschaft und das Lerntempo des Kindes, der Kontakt zur Sprachtherapeutin, auch die Unterstützung zuhause. Wenn nur ein Laut wie „sch" oder „k" gelernt wird, genügen oft einige Stunden, eine massive Verzögerung der Sprachentwicklung dagegen kann jahrelange Betreuung erfordern.

Wer zahlt?

Die Krankenkassen übernehmen in der Regel die Kosten einer logopädischen Behandlung. Voraussetzung dafür ist ein Rezept vom Kinderarzt oder HNO-Arzt. Eine länger dauernde Therapie ist nicht in jedem Fall nötig, oft genügt auch ein Beratungsgespräch, das ebenfalls von den Kassen bezahlt wird.
Beratungen an schulischen, privaten oder kirchlichen Einrichtungen sind meistens kostenlos.

Viele Beratungen sind kostenlos.

Wie ist es mit der Zweisprachigkeit?

Wenn ein Kind zweisprachig aufwächst, so ist das eher eine große Chance als ein Problem. Voraussetzung: Jede Sprache sollte an eine Person oder Umgebung gebunden sein. Der italienische Vater spricht zum Beispiel italienisch mit dem Kind, die deutsche Mutter deutsch. So werden die Sprachen deutlich getrennt und das Lernen scheint Kindern meistens keinerlei Mühe zu machen. Türkische Kinder sprechen zuhause oft nur türkisch, in Kindergarten und Schule dagegen ist ihnen die deutsche Sprache selbstverständlich.

Warum haben immer mehr Kinder Sprachstörungen?

Sprachstörungen scheinen in der Tat zuzunehmen. Zumindest werden sie heute sicherlich mehr beachtet als früher, denn die Ansprüche und der Druck von Schule, Ausbildung und beruflicher Zukunft sind gewachsen.

Man kann vermuten, dass die Zunahme der Sprachprobleme viel mit dem Wandel unserer Gesellschaft zu tun hat. Die Großmütter, die früher den Kleinen alle alten Sprachschätze vom Kniereiter bis zum Märchen weitergaben, sind in den Kleinfamilien kaum noch da. Die Spiel- und Bewegungsräume der Kinder sind viel enger geworden, die Medien verführen zum Schauen statt zum Sprechen, Videos reizen mehr als das alte Kasperltheater, die Computer antworten mit einem Piepston, statt Fragen genügt ein Knopfdruck, die Automaten nehmen uns das Reden ab und machen sogar „bitte" und „danke" überflüssig. Das Gespräch, das Sprechen von Angesicht zu Angesicht, kommt viel zu kurz. Denken Sie an Ihren eigenen Alltag: Sie können wortlos einkaufen, wortlos Geld von der Bank holen und wortlos einen Abend vor dem Fernseher verbringen. Ein vorwiegend wortloses Dasein ist möglich!

Zumindest in der Familie aber kann jeder versuchen, das Miteinander-Sprechen ernst und wichtig zu nehmen. Auch und ganz besonders im Interesse der Kinder.

Automaten nehmen uns das Reden ab. Das Gespräch kommt viel zu kurz.

Lob, Geduld und jede Menge Spaß
Wie Eltern im Umgang mit dem Kind am besten helfen können

Was können Sie als Eltern im Umgang mit dem Kind tun, wenn es nicht spricht wie andere? Eine Menge! Dabei müssen Sie kein Psychologe, kein Sprachwissenschafter, kein Lehrer und kein Trainer sein, sondern eher ein verständnisvoller Begleiter und ein lustiger Spielpartner Ihres Kindes. Sprachauffällige Kinder brauchen genau wie alle anderen zuallererst eine gute Basis in den Beziehungen zuhause: viel Liebe, Vertrauen, Zuwendung, Angenommensein und Respekt, aber auch Konsequenz, Regeln und Pflichten. Sie brauchen keine Sonderbehandlung.

Kritik ist Gift

Ihre Haltung Ihrem Kind und seinen Problemen gegenüber ist entscheidend. Die Sorge und die Angst können Sie nicht einfach abschalten. Aber Sie können versuchen, auf die Fähigkeiten Ihres Kindes zu vertrauen, um so gelassener zu bleiben. Sie brauchen Geduld. Wenn Sie zweifeln und jede Bewegung und jede Äußerung ängstlich beobachten, wenn Sie sich ärgern über die Sprachprobleme, enttäuscht oder unsicher sind, so vermitteln Sie das auch Ihrem Kind. Kinder haben feine Antennen und spüren alle diese Einschätzungen und Gefühle ganz genau.

Offene oder versteckte Kritik an der Sprache Ihres Kindes ist Gift. Wer immer nur verbessert und tadelt, der riskiert, dass das Kind die Lust am Sprechen verliert. Die Sprechfreude aber ist der beste Grundstock zum Sprechenlernen.

Reaktionen wie „Jetzt streng dich doch mal an!" oder „Nun sprich endlich richtig!" verleiden einem Kind schnell das Sprechen – und sie kratzen das Selbstwertgefühl an. Es ginge uns Erwachsenen

> **Kinder haben feine Antennen und spüren Zweifel, Enttäuschung und Unsicherheiten.**

Nachsprechen lassen ist zwecklos. Dagegen hilft: das falsch Gesagte richtig wiederholen.

genauso, wenn wir immer wieder auf unsere Schwächen hingewiesen würden. Die Ermahnungen sind zudem sinnlos, denn das Kind spricht nicht aus bösem Wissen oder aus Faulheit falsch.

Genauso zwecklos ist es, wenn Sie das Nachsprechen von Wörtern oder Sätzen verlangen. Es gelingt vielleicht einmal zufällig richtig, aber gelernt hat Ihr Kind dadurch nichts. Sie tun viel mehr für seine Sprachentwicklung, wenn Sie das falsch Gesagte richtig wiederholen. Zum Beispiel: Auf „Sotolade!" antworten Sie „Schokolade? Du willst Schokolade haben?" Dann geht die richtige Form ins Ohr.

Mit offenen Ohren zuhören

Miteinander sprechen heißt: Zeit lassen und den anderen ernst nehmen.

Direktes Üben auf eigene Faust ist nicht ungefährlich. Sie sollten es lieber Fachleuten überlassen.

Wenn Sie als Eltern das Wie des Sprechens wichtiger nehmen als das Was, so kann das Ihr Kind sehr verunsichern. Ein Beispiel: Das Kind kommt weinend und sagt: „Ich bin hindefallt!" Die Reaktion der Mutter: „Hingefallen heißt das, nicht hindefallt!" Dieses Kind fühlt sich in seinem Schmerz sicherlich nicht ernst genommen!

Miteinander sprechen heißt: mit offenen Ohren zuhören, den anderen ernst nehmen, ihm nicht das Wort abschneiden, Zeit lassen und Zeit haben. Kinder mit Sprachproblemen brauchen das ganz besonders. Die Zeit, die Gespräche kosten, zahlt sich hundertfach aus.

Wenn Ihr Kind merkt, dass es sich mit dem Sprechen schwertut: Scheuen Sie sich nicht, auch das zum Thema eines Gesprächs zu machen. Sie können Ihrem Kind ruhig und wahrheitsgemäß erklären, dass es Mühe mit dem Sprechen hat und dass es manchen Kindern genauso geht. Deshalb muss man eben üben. Gleichzeitig können Sie aber auch die Stärken Ihres Kindes aufzählen oder gemeinsam überlegen: „Was kannst du gut?"

An diesen Blickwinkel übrigens muss man sich selbst immer wieder erinnern. Versuchen Sie einen Tag lang, nur auf die guten Seiten Ihres Kindes und nur auf sein lobenswertes Verhalten zu achten. Sie werden merken, dass es tatsächlich viele viele Gelegenheiten zum Loben gibt.

Gesagt, getan!

Die Art und Weise, wie Sie mit Ihrem Kind sprechen, prägt sein Verhalten. Kinder mit Sprachproblemen sind dabei noch viel mehr auf das Sprachvorbild und auf einen guten sprachlichen Umgang angewiesen. Sprechen Sie eher langsam und möglichst klar und einfach mit Ihrem Kind! Es braucht Zeit, um das Gehörte aufzunehmen und zu verarbeiten.

Ein ständiger Wortschwall führt nur dazu, dass ein Kind weghört.

Ein großes Sprachangebot ist wichtig fürs Lernen. Das heißt aber nicht, dass Sie ständig auf Ihr Kind einreden sollen! Die Kleinen schalten noch viel schneller als wir Erwachsene auf Durchzug und sprachauffällige Kinder tun das umso mehr, weil sie von so viel Sprache überfordert sind. Die Stimme der Mutter oder des Vater wirkt, wenn sie unablässig reden, wie ein Hintergrundgeräusch und wird nicht mehr beachtet. „Mein Kind hört einfach nicht!" – klagen die Eltern dann oft und merken nicht, dass ihr eigener Wortschwall vielleicht die Ursache ist.

Soll Ihr Kind wirklich auf Sie hören, dann erreichen Sie mit klaren, knappen Aussagen viel mehr. Wenn Sie eine Aufforderung immer mindestens fünfmal wiederholen, wird sie nie beim ersten Mal gelten! Ihr Kind lernt nur, dass es beim ersten Mal offenbar nicht ernst gemeint ist. Es kann in Ruhe weghören.

Konsequenz in der Erziehung hat viel mit dem sprachlichen Umgang zu tun. „Gesagt, getan", sollte die Regel heißen. Je klarer Sie sprechen, je eindeutiger Sie etwas fordern und je mehr Sie das Gesagte auch selbst einhalten, desto klarer sind die Grenzen für Ihr Kind. Es lernt, dass es sich auf das verlassen kann, was gesagt ist.

Lassen Sie Ihr Kind groß werden!

**Wenn
alle Wünsche
vom Mund
abgelesen
werden,
braucht ein Kind
seinen
eigenen Mund
nicht.**

Ein Kind mit Sprachproblemen braucht Zuwendung und vielleicht mehr Hilfe als andere, aber es muss nicht wie ein rohes Ei behandelt werden. Die Sorgen um das Kind verführen leicht zur Überbehütung. Doch gerade das ist manchmal sogar der springende Punkt bei der Entstehung der Störung. Die Sprache kann nämlich auch ein Ausdruck der bequemen Babyrolle sein, in der sich ein Kind ganz wohlfühlt und dann verharrt es auch sprachlich auf diesem frühkindlichen Stand. Hinzu kommt: Wenn einem Kind alle Wünsche vom Mund abgelesen werden, dann braucht es seinen eigenen Mund wirklich nicht zu gebrauchen.

Lassen Sie Ihr Kind also im besten Sinne groß werden! Dazu gehören Selbständigkeit, Pflichten und dazu gehört auch sehr oft ein „Nein".

Was schadet? Was hilft?

Nicht kritisieren,	*sondern ermutigen und loben*
Nicht vergleichen,	*sondern akzeptieren*
Nicht korrigieren oder nachsprechen lassen,	*sondern richtig wiederholen*
Nicht drängeln,	*sondern Zeit lassen*
Nicht ins Wort fallen,	*sondern zuhören, aussprechen lassen, nachfragen*
Nicht abweisen,	*sondern ernst nehmen*

Nicht üben,	*sondern miteinander spielen und sprechen*
Nicht mit Sprache überschütten,	*sondern klar und einfach sprechen*
Keine Sonderbehandlung,	*sondern normaler Umgang*
Keine Überbehütung,	*sondern „groß werden lassen"*
Nicht auf die Sprechfehler des Gesagten achten,	*sondern auf den Inhalt*

Sprechen soll Spaß machen

Alles, was Spaß macht, tut man gerne. Und zu zweit hat man doppelten Spaß! Deshalb: Sprechen Sie, spielen Sie, lachen Sie, vergnügen Sie sich mit Ihrem Kind! Wecken Sie die Freude am Sprechen, Fabulieren, Fantasieren! Machen Sie Ihr Kind hellhörig für die Schätze und auch für die originellen und witzigen Seiten der Sprache! Zum Beispiel mit dem schon über ein Jahrhundert alten „Spissi spassi" von Franz Graf Pocci:

Spissi spassi Casperladi   *Schlicki schlucki Casperluki*
Hicki hacki Carbonadi   *Dricki drucki mameluki*
Trenschi transchi Appetiti   *Michi machi Casperlores*
Fressi frassi fetti fitti   *Spissi spassi tschu capores.*

Sprechen lernen - So macht's Spaß

Sprechzeichnen: Wirksam & einfach!

- 🙂 Spielerisch lernen mit 24 Übungszeichen

- 🙂 24 lustige Geschichten von den Hexen Mira und Mirakula

- 🙂 Für Erzieher, Grundschullehrer und Eltern

- 🙂 Praktische Tipps, Spiel- und Fördervorschläge

Gabriele Roß & Robert Erker PATTLOCH

Lustiges Sprechzeichnen

Eine spielerische Sprachförderung
24 Hexengeschichten und dazu passende Übungszeichen

80 Seiten, davon 32 Seiten durchgehend
farbig illustriert, 20,5 X 23,5 cm
ISBN 3-629-00279-X

PATTLOCH

Logopädisch getestet